Die Preußischen Besoldungsgesetze

vom 17. Dezember 1920

Herausgegeben und erläutert von

Dr. Hermann Erythropel

Ministerialrat im Preußischen Finanzministerium,
Geheimen Oberfinanzrat

3. Ergänzungsheft:

Die Gesetze vom 19., 13. u. 27. April 1922

1922

Verlag von H. W. Müller

Berlin SW. 68

Schützenstr. 29/30.

Druck von Dr. F. P. Datterer & Cie., Freising-München.

Vorwort.

Schon nach kurzer Frist wiederum ist infolge der abermaligen Umgestaltung der gesetzlichen Bestimmungen über die Dienst- und Versorgungsbezüge der preußischen unmittelbaren Staatsbeamten und Lehrer die Herausgabe eines weiteren (dritten) Ergänzungsheftes zur 2. Auflage der „Preußischen Besoldungsgesetze" nötig geworden. Das Heftchen bringt in handlicher Form eine Zusammenstellung der neuen am 1. April 1922 in Kraft getretenen Vorschriften nebst kurzer Begründung der Änderungen und die bisher dazu ergangenen Ausführungsbestimmungen. Es enthält ferner neben einer Nachweisung, aus der der Jahresbetrag des neuen Ausgleichszuschlags einschließlich des weiteren Ausgleichszuschlags (Sonderzuschlags) zum Grundgehalt und Ortszuschlag sofort ersichtlich ist, die besonders wichtigen neuen Tafeln über Ruhegehalt, Witwengeld und Versorgungszuschlag, die die Errechnung, Anweisung und Auszahlung der neuen Versorgungsbezüge wesentlich erleichtern werden.

Da nunmehr auch in Preußen ebenso wie im Reich der Jahresbetrag des Witwen- und des Waisengeldes nach oben abgerundet wird, und auch im übrigen die Berechnungsart der Dienst- und Versorgungsbezüge in Preußen wie im Reich die gleiche ist, so können die in diesem Heft enthaltenen Tafeln über Ruhegehalt und Witwengeld ohne weiteres auch für die Berechnung der Dienst- und Versorgungsbezüge der mit den entsprechenden Grundgehaltssätzen ausgestatteten Reichsbeamten und der Beamten aller deutschen Länder, Gemeinden und sonstigen öffentlichen Körperschaften verwendet werden, welche nach den Sperrvorschriften des Reichs die neuen Grundgehaltssätze der Berechnung ihrer Ruhegehalts- und Hinterbliebenenbezüge nur mit der Maßgabe zugrunde legen dürfen, daß sich keine höheren Bezüge ergeben, als sie die in den Ruhestand versetzten Reichsbeamten bei gleichem ruhegehaltsfähigen Diensteinkommen und gleicher ruhegehaltsfähiger Dienstzeit für sich oder ihre Hinterbliebenen erhalten.

Berlin-Schöneberg, im April 1922.

Der Herausgeber.

Inhaltsübersicht.

A. Gesetz,

über Änderungen in der Beamtenbesoldung.

Vom 19. April 1922.
(Gesetzsammlung S. 83).

Vorbemerkungen.

I. Das mit Wirkung vom 1. April 1922 in Kraft getretene Gesetz über Änderungen in der Beamtenbesoldung vom 19. April 1922 erhöht angesichts der seit dem Gesetz über eine Änderung der Dienst- und Versorgungsbezüge der unmittelbaren Staatsbeamten vom 24. November 1921 und dem Gesetz über die Gewährung eines weiteren Ausgleichszuschlages an unmittelbare Staatsbeamte und Lehrpersonen vom 9. Februar 1922 immer weiter gestiegenen Teuerung und angesichts des Umstandes, daß der Reichs-Einkommensteuer-Tarif durch das Gesetz zur Änderung des Einkommensteuergesetzes vom 20. Dezember 1921 (Reichs-Gesetzbl. S. 1580) völlig verändert wurde, die für die unmittelbaren Staatsbeamten der Besoldungsgruppen 1 bis 12 nach dem Gesetz vom 24. November 1921 geltenden Grundgehaltssätze (Art. I § 1 Ziff. VII). Es erhöht ferner für alle Beamten die Kinderbeihilfe-Beträge (Art. I § 1 Ziff. III) sowie den allgemeinen Ausgleichszuschlag (Art. I § 1 Ziff. IV) und den weiteren Ausgleichszuschlag (Sonderzuschlag) auf die ersten 10000 ℳ des Diensteinkommens (Art. I § 2), gleichzeitig aber auch mittelbar (vgl. ZRGG. § 10, HFG. §§ 8, 9, WartegeldVO. § 1 Abs. 2, § 3 Abs. 2, HofbVO. § 2 in Verb. mit §§ 19 bis 24 BDG.) für alle Ruhestandsbeamten und alle Hinterbliebenen die Versorgungsbezüge einschließlich der Kinderbeihilfen.

Neu ist die Einführung einer besonderen als soziale Fürsorgemaßnahme gedachten nicht ausgleichszuschlagfähigen Frauenbeihilfe für männliche verheiratete Beamte (Art. I § 1 Ziff. V) einschließlich der Ruhestandsbeamten (Art. I § 1 Ziff. VI).

Die Ortszuschlagsätze (Art. I § 1 Ziff. X) sind unverändert geblieben. Doch mußten die Ortszuschlaggruppen infolge der Erhöhung der Ortszuschlagsätze etwas anders abgegrenzt werden. Ihre Siebenzahl ist wiederum beibehalten. Die Erhöhung der Grundgehaltssätze hat von neuem eine Änderung der Höchstanrechnungsbeträge für Dienstwohnungen (Art. I § 1 Ziff. I, vgl. unten Seite 53) und eine Erhöhung der Grundvergütungssätze (Art. I § 1 Ziff. XI) in der Nachweisung der Dienstbezüge für die unmittelbaren Staatsbeamten erforderlich gemacht.

II. Im einzelnen ist zu dem Gesetz noch folgendes zu bemerken:

1. Zu Art. I § 1:

Zu Ziff. II. Der gesetzliche Ortszuschlag der nichtplanmäßigen Beamten und der wissenschaftlichen Assistenten mit planmäßiger Vergütung bei den wissenschaftlichen Hochschulen und der ihnen gleichgestellten Hilfskräfte der wissenschaftlichen Hochschulen, Anstalten und Institute betrug nach § 14 BDEG. vom 17. Dezember 1920 nur 80 v. H. des Ortszuschlages der ersten Gehaltsstufe ihrer Eingangsgruppe bzw. der Gruppe 10. Dazu traten nach § 2 des Gesetzes vom 18. Dezember 1920 (GS. 1921 S. 218) und § 2 Abs. 1b des Gesetzes vom 24. November 1921 (GS. S. 553) die übrigen 20 v. H. des Ortszuschlages als Notzuschlag. Alle diese Personen erhalten künftig den Ortszuschlag unter Beseitigung des bisherigen Notzuschlages zum Ortszuschlag grundsätzlich in der vollen Höhe wie die planmäßigen Beamten in der ersten Gehaltsstufe ihrer Eingangsgruppe bzw. der Gruppe 10.

Zu Ziff. III. Die Grundbeträge der Kinderbeihilfen sind von 150, 200 und 250 ℳ monatlich auf 200, 250 und 300 ℳ monatlich heraufgesetzt worden. Für Kinder vom 14. bis 21. Lebensjahr wird die Gewährung der Kinderbeihilfe nunmehr an die Bedingung geknüpft, daß das Kind sich in der Schul- oder Berufsausbildung befindet oder daß es wegen Gebrechlichkeit dauernd erwerbsunfähig ist. Ferner ist bei diesen Kindern der anrechnungsfreie Betrag des eigenen Einkommens mit Rücksicht auf die eingetretene Geldentwertung von 1500 ℳ auf 4000 ℳ erhöht worden (Abs. 1).

Stiefkinder sind künftig nur dann kinderbeihilfefähig, wenn sie in den Hausstand des Beamten aufgenommen sind. Die Umwandlung des bisherigen Wortes „Familiengemeinschaft“ (§ 17 Abs. 2b BDEG. v. 17. Dez. 1920) in „Hausstand“ erfolgte ohne eine materielle Änderung zu bedeuten, lediglich in Anlehnung an die Ausdrucksweise des Reichs. Für uneheliche Kinder soll dem Beamten, dessen Vaterschaft festgestellt ist, in Anlehnung an das württembergische Besoldungsgesetz die Kinderbeihilfe nur noch dann gewährt werden, wenn er das Kind in seinen Hausstand aufgenommen hat oder auf andere Weise nachweislich für den vollen Unterhalt des Kindes aufkommt. Die Vorschrift will verhindern, daß der Beamte die Sorge für das uneheliche Kind dadurch völlig auf den Staat abwälzt, daß er als Unterhaltsbetrag lediglich die Kinderbeihilfe zur Verfügung stellt. Künftig können also auch die Kinderbeihilfen für uneheliche Kinder nur ein Beitrag zu den sonstigen Unterhaltskosten derselben sein (Abs. 2).

Neu hervorgehoben wird, daß die Kinderbeihilfe bei Beendigung des Beamtenverhältnisses mit dem Wegfall der sonstigen Dienstbezüge endet (Abs. 6a). Im übrigen sind die Vorschriften über die Kinderbeihilfe unverändert geblieben.

Siehe weitere Einzelheiten über die Kinderbeihilfe FinMinErl. v. 31. März 1922 — Bes. 1111/1 D 1 1459 — A II Ziff. 6 bis 13 (Anhang S. 45 ff.).

Zu Ziff. IV. Der Ausgleichszuschlagsatz des § 18 Abs. 2 BDEG. wird von 20 v. H. im Gesetz vom 24. November 1921 (GS. S. 553) auf 30 v. H. erhöht, dabei gleichzeitig die Möglichkeit vorgesehen, daß eine spätere anderweite Festsetzung außer durch den Staatshaushaltsplan auch durch ein besonderes Gesetz — tatsächlich war das bisher stets der Fall — geschehen kann.

Zu Ziff. V und VI. Die allen verheirateten männlichen planmäßigen und nichtplanmäßigen Beamten zugesprochene Frauenbeihilfe von jährlich 2500 ℳ wird nur für die unterhaltsberechtigte Ehefrau gewährt. Doch erhält sie auch der Witwer mit eigenem Hausstand und kinderbeihilfefähigen Kindern, deren vollen Unterhalt er trägt. Die Frauenbeihilfe wird als „besonderer Ausgleichszuschlag" bezeichnet. Sie ist selbst nicht ausgleichszuschlagfähig und nicht ruhegehaltsfähig. Doch erhalten sie auch die Wartegeld- oder Ruhegehaltsempfänger nach denselben Grundsätzen, wie die im Dienst befindlichen Beamten. Zahlungsweise und Wegfall sind ähnlich wie bei der Kinderbeihilfe. Siehe weitere Einzelheiten über die Frauenbeihilfe FinMinErl. v. 31. März 1922 — Bes. 1111/1 D 1 1459 — A III Ziff. 14 bis 20 (Anhang S. 46 ff.).

Zu Ziff. VII und VIII. Die Grundgehaltssätze sind bei den Beamten mit aufsteigenden Gehältern in den Besoldungsgruppen 1 bis 12 in der Weise erhöht, daß die Erhöhung in den Gruppen 1 bis 10 mit geringen Schwankungen dieselbe bleibt und in den Gruppen 11 und 12 abfällt. Die Gehälter mit Mindestgrundgehaltssätzen sind ebenfalls entsprechend erhöht worden. Die Grundgehaltssätze der Besoldungsgruppe 13 und die Einzelgehälter sind unverändert geblieben.

Zu Ziff. IX. Durch Art. I § 1 Ziffer VIII des Gesetzes vom 24. November 1921 (GS. S. 553) war der Höchstanteil der Gerichtsvollzieher an den Gerichtsvollziehergebühren von bis dahin 900 ℳ auf 3500 ℳ heraufgesetzt worden (siehe die „Berichtigung" unten Seite 26). Der Höchstanteil wird nunmehr wieder auf 3000 ℳ ermäßigt, so daß, wie bisher, dieser Höchstanteil die Spannung zwischen den Endgrundgehaltssätzen der Gruppen 7 und 8 nicht überschreitet.

2. Zu Art. I § 2:

Der durch das Gesetz über die Gewährung eines weiteren Ausgleichszuschlages an unmittelbare Staatsbeamte und Lehrpersonen vom 9. Februar 1922 (GS. S. 35) eingeführte Sonderzuschlag zu den ersten 10000 ℳ des Diensteinkommens wird hier, um der weiter gestiegenen Teuerung Rechnung zu tragen, von 20 v. H. für die ersten 10000 ℳ des Diensteinkommens auf 30 v. H. erhöht. Wegen des Einflusses dieses Sonderzuschlags auf die Berechnung des Versorgungszuschlages s. FinMinErl. v. 31. März 1922 — Bes. 1111/1 D 1 1459 — B I Ziff. 31 (Anhang S. 49) in Verbindung mit FinMinErl. v. 20. Febr. 1922 — I D 1, 718 — Ziff. 3 (Anhang S. 35).

3. Zu Art. I § 3:

Der durch Art. I § 2 des Gesetzes vom 24. November 1921 (GS. S. 553) eingeführte besondere „Notzuschlag" zur Grundvergütung (vgl. auch § 2 des Gesetzes vom 9. Februar 1922 — GS. S. 35) bleibt aufrechterhalten, während er beim Ortszuschlag (vgl. oben Ziff. 1 zu Ziff. II) weggefallen ist. Vgl. hierzu die Beispiele im FinMinErl. v. 31 März 1922 — Bes. 1111/1 D 1 1459 — A I Ziff. 3 (Anhang S. 43 ff.).

4. Zu Art. I § 4:

Wiederum ist mit der Neuregelung der Bezüge für den einzelnen Beamten eine Änderung seines Besoldungs- oder Anwärterdienstalters nicht verbunden. Vgl. im übrigen Art. I § 3 des

Gesetzes vom 24. November 1921 (GS. S. 553) und FinMinErl. v. 31. März 1922 — Bes. 1111/1 D 1 1459 — A IV Ziff. 21, 22 (Anh. S. 47).

5. Zu Art. II § 1:

Die Gleichstellung der Altersversorgungsberechtigten mit den Neuversorgungsberechtigten entspricht der gleichen Regelung, wie in Art. II des Gesetzes vom 24. November 1921 (GS. S. 553). Vgl. wegen der Umrechnung der Versorgungsbezüge FinMinErl. v. 31. März 1922 — Bes. 1111/1 D 1 1459 Abschnitt B Ziff. 28 bis 36 (Anhang S. 48 ff.).

6. Zu Art. II § 2:

Im Gegensatz zum Reich wurde bisher in Preußen der Jahresbetrag des Witwengeldes und des Waisengeldes nicht nach oben auf volle Markbeträge abgerundet, sondern spitz berechnet. Dieser Unterschied wird nunmehr durch entsprechende Änderung des Hinterbliebenenfürsorgegesetzes beseitigt.

7. Zu Art. III:

Die Vorschrift entspricht dem Art. III des Gesetzes vom 24. November 1921 (GS. S. 553). Siehe dazu die Vorbemerkung 5 im 2. Ergänzungsheft S. 7.

8. Zu Art. IV § 1:

Ausführungsbestimmungen sind vom Finanzminister in der Form einer Vorläufigen Ausführungsanweisung zu den Gesetzen über Änderung in der Beamtenbesoldung usw. vom 31. März 1922 — Bes. 1111 — 1 D 1 1459 — erlassen worden (Anhang S. 43 ff.). Wichtig sind darin vor allem die Vorschriften über die Neuregelung der Versorgungsbezüge der Ruhestandsbeamten und der Hinterbliebenen (Abschnitt B Anhang S. 48 ff.).

Der Landtag hat folgendes Gesetz beschlossen:

Artikel I.

§ 1. Das Gesetz über das Diensteinkommen der unmittelbaren Staatsbeamten (Beamten-Diensteinkommensgesetz) vom 17. Dezember 1920 (Gesetzsamml. 1921 S. 135) in der Fassung der Verordnung vom 8. Februar 1921 (Gesetzsamml. S. 300) und des Gesetzes über eine Änderung der Dienst- und Versorgungsbezüge der unmittelbaren Staatsbeamten vom 24. November 1921 (Gesetzsamml. S. 553) wird wie folgt geändert:

I. In § 7 Abs. 1 Satz 5 (Dienstwohnungen) werden die Zahl 20 000 jedesmal durch die Zahl 24 000 und die Zahl 30 000 durch die Zahl 36 000 ersetzt.

II. In § 14 (Ortszuschlag der nichtplanmäßigen Beamten) erhalten Abs. 1 Satz 1 und Abs. 2 folgende Fassung:

(1) Zur Grundvergütung der nichtplanmäßigen Beamten tritt als weiterer Bestandteil des Diensteinkommens ein Ortszuschlag

in Höhe des Ortszuschlages, den sie als planmäßige Beamte in der ersten Gehaltsstufe derjenigen Besoldungsgruppe beziehen würden, in der sie bei regelmäßigem Verlauf ihrer Dienstlaufbahn zuerst planmäßig angestellt werden.

(2) Für die wissenschaftlichen Assistenten mit planmäßiger Vergütung bei den wissenschaftlichen Hochschulen und die ihnen gleichgestellten Hilfskräfte der wissenschaftlichen Hochschulen, Anstalten und Institute beträgt der Ortszuschlag 100 v. H. des Ortszuschlages, den sie als planmäßige Beamte in der ersten Gehaltsstufe der Besoldungsgruppe 10 beziehen würden, und sobald die ihnen gewährte Grundvergütung in ihrer Höhe den Grundgehaltssätzen dieser Besoldungsgruppe entspricht, 100 v. H. des Ortszuschlages, den sie als planmäßige Beamte in der von ihnen erreichten Vergütungsstufe beziehen würden.

III. § 17 erhält folgende Fassung:

(1) Außer dem Diensteinkommen erhalten die Beamten Kinderbeihilfen in der Weise, daß für jedes Kind bis zum vollendeten 6. Lebensjahr monatlich 200 ℳ, bis zum vollendeten 14. Lebensjahr monatlich 250 ℳ und bis zum vollendeten 21. Lebensjahr monatlich 300 ℳ gezahlt werden. Für Kinder vom 14. bis 21. Lebensjahr wird die Kinderbeihilfe nur gewährt, wenn das Kind

1. sich in der Schulausbildung oder in der Ausbildung für einen künftig gegen Entgelt auszuübenden Lebensberuf befindet oder wenn es wegen körperlicher oder geistiger Gebrechen dauernd erwerbsunfähig ist, und
2. kein eigenes Einkommen von mehr als 4000 ℳ jährlich hat. Übersteigt das eigene Einkommen des Kindes den Betrag von 4000 ℳ um weniger als den Betrag der Kinderbeihilfe einschließlich Ausgleichszuschlag (§ 18), so wird die Kinderbeihilfe um den Betrag gekürzt, um den das eigene Einkommen des Kindes den Betrag von 4000 ℳ übersteigt. Als eigenes Einkommen des Kindes gilt auch das den Beamten kraft der elterlichen Nutznießung aus Kindesvermögen zufließende Einkommen.

(2) Die Kinderbeihilfe wird gewährt:

a) für eheliche, für ehelich erklärte und für an Kindes Statt angenommene Kinder,
b) für Stiefkinder, die in den Hausstand des Beamten aufgenommen sind,

c) auf Antrag für uneheliche Kinder,

wenn die Vaterschaft des Beamten festgestellt ist und er das Kind in seinen Hausstand aufgenommen hat oder auf andere Weise nachweislich für den vollen Unterhalt des Kindes aufkommt oder wenn der Unterhalt von der Beamtin als Mutter gewährt wird.

Antragsberechtigt ist außer dem Beamten selbst auch der Vormund des Kindes. An wen die Beihilfe auszuzahlen ist, bestimmt das Vormundschaftsgericht.

(3) Für ein und dasselbe Kind darf die Beihilfe nur einmal gewährt werden. Verheirateten weiblichen Beamten wird die Kinderbeihilfe für gemeinsame Kinder nur gewährt, wenn der Ehemann bei Berücksichtigung seiner sonstigen Verpflichtungen außerstande ist, ohne Gefährdung des standesmäßigen Unterhalts der Familie diese zu unterhalten. Das Recht auf den Bezug der Beihilfe ruht, soweit für ein Kind aus Mitteln des Reichs, der Länder, anderer öffentlicher Verbände oder anderer Arbeitgeber eine entsprechende Beihilfe gezahlt wird.

(4) Bei den in § 4 Abs. 3 genannten Beamten wird die Kinderbeihilfe in demselben Verhältnis gekürzt wie der Ortszuschlag.

(5) Die Kinderbeihilfe wird im voraus gezahlt und zwar vom Beginn des Kalendermonats an, in dem die für die Gewährung maßgebenden Voraussetzungen eintreten.

(6) Die Kinderbeihilfe fällt weg:

a) bei Beendigung des Beamtenverhältnisses mit Wegfall der sonstigen Dienstbezüge,

b) mit dem Ablauf des Kalendervierteljahres, in dem die sonstigen Voraussetzungen für die Gewährung wegfallen, insbesondere das Kind das 14. oder 21. Lebensjahr vollendet, stirbt oder eine Ehe eingeht,

c) mit dem Ablauf des Monats, in dem das Kind nach vollendetem 14. Lebensjahr ein Einkommen bezieht, das den Betrag von 4000 ℳ um mindestens den Betrag der Kinderbeihilfe einschließlich Ausgleichszuschlag übersteigt.

IV. In § 18 erhält Abs. 2 folgende Fassung:

Der Ausgleichszuschlag wird bis zu einer anderweiten Festsetzung durch den Staatshaushaltsplan oder durch besonderes Gesetz bei allen im Abs. 1 genannten Bezügen gleichmäßig auf 30 v. H. festgesetzt.

V. In § 18 wird als Abs. 3 folgende Bestimmung eingefügt:

Als besonderen Ausgleichszuschlag erhalten die verheirateten männlichen planmäßigen und nichtplanmäßigen unmittelbaren Staatsbeamten für die unterhaltberechtigte Ehefrau eine Frauenbeihilfe, welche bis zur anderweiten Festsetzung durch den Staatshaushaltsplan oder durch besonderes Gesetz auf 2500 ℳ jährlich festgesetzt wird. Die Frauenbeihilfe wird auch Witwern gewährt, wenn sie im eigenen Hausstand für den vollen Unterhalt von Kindern aufkommen, für welche sie nach § 17 Kinderbeihilfen beziehen.

Die Frauenbeihilfe wird im voraus, und zwar vom Beginn des Kalendermonats an, gezahlt, in dem die für die Gewährung maßgebenden Voraussetzungen eintreten.

Sie fällt weg:

a) bei Beendigung des Beamtenverhältnisses mit Wegfall der sonstigen Dienstbezüge,

b) mit Ablauf des Kalendervierteljahres, in dem die sonstigen Voraussetzungen für die Gewährung wegfallen, insbesondere die Ehe aufgelöst wird.

VI. In § 23 wird als Abs. 4 folgende Bestimmung eingefügt:

Die Frauenbeihilfe (§ 18 Abs. 3) erhalten die verheirateten und verwitweten männlichen Wartegeld- und Ruhegehaltsempfänger bis zur anderweitigen Festsetzung durch den Staatshaushaltsplan oder durch besonderes Gesetz als besonderen Versorgungszuschlag in derselben Höhe und nach denselben Grundsätzen wie die im Dienst befindlichen Staatsbeamten.

Abs. 4 und 5 des § 23 werden Abs. 5 und 6.

VII. In der Anlage 1 (Besoldungsordnung für die planmäßigen unmittelbaren Staatsbeamten) werden die Grundgehaltssätze mit Ausnahme der Einzelgehälter in den Abschnitten I, II, III und IV wie folgt geändert:

I. Aufsteigende Gehälter.

A. Gehälter mit festen Grundgehaltssätzen.

Gruppe 1: 11 000 — 11 700 — 12 400 — 13 000 — 13 600 — 14 200 — 14 800 — 15 400 — 16 000 ℳ jährlich,

" 2: 13 500 — 14 100 — 14 700 — 15 300 — 15 900 — 16 500 — 17 000 — 17 500 — 18 000 ℳ jährlich,

Gruppe 3: 15 000 — 15 700 — 16 400 — 17 000 — 17 600 — 18 200 — 18 800 — 19 400 — 20 000 ℳ jährlich,
" 4: 16 000 — 16 800 — 17 600 — 18 300 — 19 000 — 19 700 — 20 300 — 20 900 — 21 500 ℳ jährlich,
" 5: 17 000 — 18 000 — 19 000 — 19 800 — 20 600 — 21 200 — 21 800 — 22 400 — 23 000 ℳ jährlich,
" 6: 18 500 — 19 500 — 20 500 — 21 300 — 22 100 — 22 900 — 23 600 — 24 300 — 25 000 ℳ jährlich,
" 7: 20 000 — 21 000 — 22 000 — 23 000 — 24 000 — 25 000 — 26 000 — 27 000 — 28 000 ℳ jährlich,
" 8: 22 000 — 23 500 — 25 000 — 26 200 — 27 400 — 28 600 — 29 800 — 31 000 ℳ jährlich,
" 9: 25 000 — 26 600 — 28 200 — 29 800 — 31 400 — 33 000 — 34 500 — 36 000 ℳ jährlich,
" 10: 28 000 — 30 000 — 32 000 — 34 000 — 36 000 — 38 000 — 40 000 — 42 000 ℳ jährlich,
" 11: 32 000 — 34 500 — 37 000 — 39 500 — 42 000 — 44 000 — 46 000 — 48 000 ℳ jährlich,
" 12: 40 000 — 44 000 — 48 000 — 51 000 — 54 000 — 57 000 — 60 000 ℳ jährlich,
" 13: 53 000 — 60 000 — 67 000 — 74 000 — 80 000 ℳ jährlich.

B. Gehälter mit Mindestgrundgehaltssätzen.

1. Mindestgrundgehaltssätze jährlich: 18 000 — 19 000 — 20 000 — 20 900 — 21 800 — 22 700 — 23 600 — 24 500 ℳ,

2. Mindestgrundgehaltssätze jährlich: 19 500 — 20 500 — 21 500 22 500 — 23 500 — 24 500 — 25 500 — 26 500 ℳ,

3. 41 500 ℳ im Durchschnitt; Mindestgrundgehaltssätze jährlich: 30 000 — 33 000 — 36 000 — 38 000 — 40 000 — 42 000 — 44 000 — 46 000 ℳ, höchstens jedoch 60 000 ℳ,

4. 52 000 ℳ im Durchschnitt; Mindestgrundgehaltssätze jährlich: 38 500 — 41 500 — 44 500 — 47 500 — 50 500 — 53 000 — 55 500 — 58 000 ℳ, höchstens jedoch 75 000 ℳ,

5. 55 000 ℳ im Durchschnitt; Mindestgrundgehaltssätze jährlich: 40 000 — 44 500 — 49 000 — 53 000 — 57 000 — 61 000 — 64 000 ℳ, höchstens jedoch 78 000 ℳ.

VIII. In Abschnitt B (Gehälter mit Mindestgrundgehaltssätzen) der Anlage 1 wird in der Anmerkung zu Gruppe 1 und 2 die Zahl 22 500 durch die Zahl 27 000 und die Zahl 24 500 durch die Zahl 29 000 ersetzt.

IX. In den Schlußbemerkungen zur Anlage 1 Abschnitt C (Nebenbezüge) ist bei Ziffer 5 c an Stelle von „3500 ℳ“ zu setzen: „3000 ℳ“.

X. Die Anlage 2 (Ortszuschlag) erhält folgende Fassung:

Der Ortszuschlag beträgt für planmäßige Beamte

bei einem Grundgehalt	in den Orten der Ortsklasse A	B	C	D	E	Durchschnitt
			jährlich			
	ℳ	ℳ	ℳ	ℳ	ℳ	ℳ
bis 14 800	3200	2400	2000	1600	1200	2080
über 14 800 bis 16 500	4000	3000	2500	2000	1500	2600
„ 16 500 „ 19 800	4800	3600	3000	2400	1800	3120
„ 19 800 „ 21 800	5600	4200	3500	2800	2100	3640
„ 21 800 „ 27 400	6400	4800	4000	3200	2400	4160
„ 27 400 „ 40 000	7200	5400	4500	3600	2700	4680
„ 40 000 . . .	8000	6000	5000	4000	3000	5200

XI. In der Anlage 3 (Nachweisung der Dienstbezüge für die nichtplanmäßigen unmittelbaren Staatsbeamten) erhält

1. die Ziffer 1 folgende Fassung:

Es betragen die Grundvergütungssätze vom Beginn des

	1.	2.	3.	4.	5.
		Anwärterdienstjahres ab			
für Zivilanwärter	70	80	85	90	95
„ Militäranwärter	80	85	90	95	—

v. H. des Anfangsgrundgehalts derjenigen Gruppe, in der der Stellenanwärter beim regelmäßigen Verlaufe seiner Dienstlaufbahn zuerst planmäßig angestellt wird.

		1.	2.	3.	4.	5.
Gruppe 1:	Zivilanwärter	7 700	8 800	9 350	9 900	10 450
	Militäranwärter	8 800	9 350	9 900	10 450	
„ 2:	Zivilanwärter	9 450	10 800	11 475	12 150	12 825
	Militäranwärter	10 800	11 475	12 150	12 825	
„ 3:	Zivilanwärter	10 500	12 000	12 750	13 500	14 250
	Militäranwärter	12 000	12 750	13 500	14 250	
„ 4:	Zivilanwärter	11 200	12 800	13 600	14 400	15 200
	Militäranwärter	12 800	13 600	14 400	15 200	

Gruppe 5:	Zivilanwärter	11 900	13 600	14 450	15 300	16 150
	Militäranwärter	13 600	14 450	15 300	16 150	
„ 6:	Zivilanwärter	12 950	14 800	15 725	16 650	17 575
	Militäranwärter	14 800	15 725	16 650	17 575	
„ 7:	Zivilanwärter	14 000	16 000	17 000	18 000	19 000
	Militäranwärter	16 000	17 000	18 000	19 000	
„ 8:	. . . .	15 400	17 600	18 700	19 800	20 900
„ 9:	. . . .	17 500	20 000	21 250	22 500	23 750
„ 10:	. . . .	19 600	22 400	23 800	25 200	26 600

2. In Ziffer 3 wird die Zahl 9500 durch die Zahl 12 825 ersetzt.

§ 2. (1) Bis zur anderweiten Regelung durch den Staatshaushaltsplan oder durch besonderes Gesetz erhalten die planmäßigen und nichtplanmäßigen unmittelbaren Staatsbeamten, die wissenschaftlichen Assistenten mit planmäßiger Vergütung an den wissenschaftlichen Hochschulen und die ihnen gleichgestellten Hilfskräfte der wissenschaftlichen Hochschulen, Anstalten und Institute

einen weiteren Ausgleichszuschlag in Höhe von 30 v. H. der ersten 10 000 *M* ihres aus Grundgehalt und Ortszuschlag bzw. Grundvergütung und Ortzuschlag bestehenden Diensteinkommens.

(2) Dieser weitere Ausgleichszuschlag bleibt bei Berechnung der Bezüge außer Betracht, welche den Beamten für die Gewährung einer Dienstwohnung angerechnet werden.

§ 3. Bis zur anderweiten Regelung durch den Staatshaushaltsplan oder durch besonderes Gesetz erhalten die nichtplanmäßigen Beamten, die wissenschaftlichen Assistenten mit planmäßiger Vergütung an den wissenschaftlichen Hochschulen und die ihnen gleichgestellten Hilfskräfte der wissenschaftlichen Hochschulen, Anstalten und Institute

zur Grundvergütung nebst Ausgleichszuschlägen einen Notzuschlag in der Höhe, daß Grundvergütung, Ausgleichszuschläge und Notzuschlag (ohne Frauenbeihilfe) zusammen betragen

wenn sie Zivilanwärter sind

im 1. Anwärterdienstjahr	. . . .	95 v. H.,
„ 2. „	. . . .	95 v. H.,
„ 3. „	. . . .	98 v. H.,
„ 4. „	. . . .	100 v. H.,
„ 5. „	. . . .	100 v. H.,

wenn sie Militäranwärter sind

im 1. Anwärterdienstjahr . . . . 95 v. H.,
„ 2. „ . . . . 98 v. H.,
„ 3. „ . . . . 100 v. H.,
„ 4. „ . . . . 100 v. H.

des Anfangsgrundgehalts nebst Ausgleichszuschlägen (ohne Frauenbeihilfe) derjenigen Gruppe, in der sie beim regelmäßigen Verlauf ihrer Dienstlaufbahn zuerst planmäßig angestellt werden. Bei Anwärterinnen auf Stellen, die in der Besoldungsordnung mit einem † bezeichnet sind, ist der Berechnung dieses Notzuschlages das um 10 v. H. gekürzte Anfangsgrundgehalt solcher Stellen zugrunde zu legen.

§ 4. (1) Die am 1. April 1922 im Dienst befindlichen planmäßigen und nichtplanmäßigen Beamten werden mit ihrem bisherigen Besoldungs- und Anwärterdienstalter in die neuen Dienstbezüge eingewiesen.

(2) Ist ein Beamter nach dem 1. November 1921 in eine andere Besoldungsgruppe übergetreten oder erfolgt ein solcher Übertritt künftig, so werden der Berechnung des Besoldungsdienstalters in der neuen Besoldungsgruppe die in diesem Gesetz festgesetzten Grundgehaltssätze zugrunde gelegt.

Artikel II.

§ 1. Mit Wirkung vom Tage des Inkrafttretens dieses Gesetzes sind die Bezüge der Ruhegehaltsempfänger, Wartegeldempfänger und Hinterbliebenen nach den Vorschriften dieses Gesetzes neu zu regeln. Das Beamten-Altruhegehaltsgesetz vom 17. Dezember 1920 (Gesetzsamml. 1921 S. 214) findet mit der Maßgabe Anwendung, daß an Stelle des 1. April 1920 der 1. April 1922 tritt.

§ 2. Das Gesetz, betreffend die Fürsorge für die Witwen und Waisen der unmittelbaren Staatsbeamten, vom 20. Mai 1882/27. Mai 1907 (Gesetzsamml. S. 298 und S. 99) wird wie folgt geändert:

1. § 8 erhält als Abs. 3 folgende Bestimmung:

Der Jahresbetrag des Witwengeldes ist nach oben so abzurunden, daß bei der Teilung durch drei sich volle Markbeträge ergeben.

2. § 9 erhält als Abs. 2 folgende Bestimmung:

Der Jahresbetrag des Waisengeldes ist nach oben so abzurunden, daß bei der Teilung durch drei sich volle Markbeträge ergeben.

Artikel III.

Die neuen Sätze der Grundgehälter und Ortszuschläge werden der Berechnung der Ruhegehälter und Wartegelder nur mit der Maßnahme zugrunde gelegt, daß sich keine höheren Ruhegehälter und Wartegelder ergeben, als sie die in den dauernden oder einstweiligen Ruhestand versetzten Reichsbeamten bei gleichem ruhegehaltsfähigem Diensteinkommen und gleicher ruhegehaltsfähiger Dienstzeit erhalten. Dasselbe gilt sinngemäß für die Hinterbliebenen.

Artikel IV.

§ 1. Die Ausführungsbestimmungen zu diesem Gesetz erläßt der Finanzminister, sie sind dem Landtage zur Prüfung vorzulegen.

§ 2. Dieses Gesetz tritt mit Wirkung vom 1. April 1922 in Kraft. Mit dem gleichen Zeitpunkt tritt das Gesetz über die Gewährung eines weiteren Ausgleichszuschlages an unmittelbare Staatsbeamte und Lehrpersonen vom 9. Februar 1922 (Gesetzsamml. S. 35) außer Kraft.

B. Gesetz,
über Änderungen in dem Diensteinkommen der Lehrer und Lehrerinnen an den öffentlichen Volksschulen.
Vom 13. April 1922.
(Gesetzsammlung S. 99).

Vorbemerkungen.

I. Das — mit Ausnahme des bereits mit Wirkung vom 1. April 1920 in Kraft getretenen Art. I §§ 6, 8, 9 und 13 — mit Wirkung vom 1. April 1922 in Kraft getretene Gesetz über Änderung in dem Diensteinkommen der Lehrer und Lehrerinnen an den öffentlichen Volksschulen vom 13. April 1922 erhöht die Dienstbezüge der Volksschullehrpersonen in gleicher Weise und in gleichem Umfange, wie es durch das Gesetz über Änderungen in der Beamtenbesoldung vom 19. April 1922 für die unmittelbaren Staatsbeamten geschehen ist, insbesondere also die seit dem Gesetz vom 24. November 1921 (GS. S. 563) geltenden Grundgehaltssätze entsprechend den neuen Sätzen für die Besoldungsgruppen 7, 8 und 9 (Art. I § 1), die Grundvergütungssätze nebst Notzuschlag (Art. I § 3) entsprechend den neuen Sätzen für Zivilanwärter der Gruppe 7 und den Ortszuschlag für die in freien planmäßigen Schulstellen auftragsweise vollbeschäftigten und einstweilig angestellten Lehrpersonen auf 100 v. H. (Art. I § 4). Es erklärt ferner auch für die Volksschullehrpersonen die für die unmittelbaren Staatsbeamten jeweils geltenden Bestimmungen über den weiteren Ausgleichszuschlag (Sonderzuschlag) und die Frauenbeihilfe (Art. I §§ 5 und 7) für anwendbar und erhöht mittelbar (vgl. VolksschullehrerRuhegehGes. § 4, VolksschullehrerHinterblFürsGes. § 3 in Verb. mit §§ 25 bis 28 BDG.) für alle Volksschullehrpersonen im Ruhestande und alle Hinterbliebenen die Versorgungsbezüge einschließlich der Kinderbeihilfen. Auch den Lehrern im Ruhestande wird die Frauenbeihilfe gewährt (Art. I § 7).

Die durch das Gesetz über Änderungen in der Beamtenbesoldung vorgenommene anderweite Abgrenzung der Ortszuschlaggruppen, die Erhöhung der Höchstverrechnungsbeträge für Dienstwohnungen (vgl. unten Seite 53), die Vorschriften über die neuen Kinderbeihilfen und der neue Ausgleichszuschlag von 30 v. H., der seinerseits wiederum den Versorgungszuschlag der im Ruhestand befindlichen Lehrpersonen und Lehrerwitwen beeinflußt, gelten nach §§ 9 Abs. 2, 12, 23, 24, 27 BDG. ohne weiteres auch für die Volksschullehrpersonen.

II. Im einzelnen ist zu dem Gesetz noch folgendes zu bemerken:

1. Zu Art. I § 2:

Die Sätze, die die Volksschullehrer und -lehrerinnen für die Anrechnung von Privatdienstzeit auf das Besoldungs- und Vergütungsdienstalter an die Landesschulkasse einzuzahlen haben, sind mit Rücksicht darauf erhöht worden, daß die Diensteinkommensbezüge dieser Lehrpersonen seit Erlaß des VDG. vom 17. Dez. 1920 erheblich gestiegen sind.

2. Zu Art. I § 3:

Die Grundvergütungssätze der auftragsweise in freien planmäßigen Schulstellen vollbeschäftigten und der einstweilig angestellten Lehrer entsprechen für die ersten fünf Dienstjahre vollständig den Vergütungssätzen der unmittelbaren Staatsbeamten während des fünfjährigen Diätariats in Gruppe 7. Für das 6. und 7. Dienstjahr erhalten die gedachten Lehrer wie für das 4. und 5. Dienstjahr 100 v. H. des Anfangsgrundgehaltes der Lehrerbesoldungsgruppe 1 nebst Ausgleichszuschlag.

3. Zu Art. I § 6:

Die Bestimmung, daß in den Fällen des § 15 des Lehrerruhegehaltsgesetzes (Beschwerdeangelegenheiten der Volksschullehrer über die Festsetzung des Ruhegehaltes) an Stelle des Unterrichtsministers der Oberpräsident entscheidet, fand sich bisher schon in § 17 Abs. 3 des Ruhegehaltskassengesetzes für Volksschullehrer vom 23. Juli 1893 (GS. S. 194). Nach Aufhebung dieses Gesetzes durch § 56 VDG. war die Entscheidung wieder auf den Unterrichtsminister übergegangen. Nunmehr wird der frühere Rechtszustand aus Zweckmäßigkeitsgründen wieder hergestellt.

4. Zu Art. I §§ 10 und 12:

Im § 41 Abs. 2 VDG. vom 17. Dezember 1920 war für die Zeit, in der eine freie planmäßige Stelle durch einen auftragsweise vollbeschäftigten Lehrer verwaltet wird, die Zahlung eines Staatsbeitrages nach dem Jahressatze von 1600 ℳ bei Lehrerstellen und eines Staatsbeitrages von 1500 ℳ bei Lehrerinnenstellen nebst einem Zuschlag in Höhe des Ausgleichszuschlages vorgesehen. Diese Beiträge waren nach dem durchschnittlichen Diensteinkommen eines auftragsweise vollbeschäftigten Lehrers berechnet. Nunmehr soll der Staatsbeitrag nach dem tatsächlichen Diensteinkommen der auftragsweise vollbeschäftigten Lehrer und Lehrerinnen berechnet und gezahlt werden. § 41 Abs. 2 VDG. fällt weg.

5. Zu Art. I § 13:

Die Bestimmung soll die Zahlung des Staatsbeitrags in den nach § 43 VDG. bevorrechteten Schulverbänden für den Fall regeln, daß nach dem 15. September 1920 eine Verminderung der Schulstellenzahl eintritt. In diesem Falle sollen bei späterer Neuerrichtung von Schulstellen für die Berechnung des Staatsbeitrags nur so viel neue Schulstellen berücksichtigt werden, als dem Schülerzuwachs bei Zugrundelegung von je 60 Kindern entspricht. Erst wenn die Schulstellenzahl vom 15. September 1920 wieder erreicht ist und die durchschnittlich auf eine Schulstelle entfallende Schülerzahl der damaligen Durchschnittsschülerzahl gleichkommt oder weniger als diese beträgt, soll das dem Schulverbande zustehende Vorrecht in vollem Umfange wieder aufleben.

6. Zu Art. I §§ 14 und 15:

Die hier vorgenommenen Erhöhungen der Fonds zu Ergänzungszuschüssen für leistungsschwache Schulverbände wurden infolge der Erhöhung des Diensteinkommens notwendig.

7. Zu Art. II, III und IV: Vgl. Vorbemerkung zu A Ziff. II, 4, 5 u. 6 (oben Seite 7/8).

8. Zu Art. VI. Vgl. die Vorbemerkung zu A Ziff. II, 8 (oben Seite 8). Die dort erwähnte Vorläufige Ausführungsanweisung vom 31. März 1922 — Bes. 1111/1 D 1 1459 — bezieht sich auch auf die Neuregelung der Besoldung und der Versorgungsbezüge der Volksschullehrpersonen und ihrer Hinterbliebenen.

Der Landtag hat folgendes Gesetz beschlossen:

Artikel I.

Das Volksschullehrer-Diensteinkommensgesetz vom 17. Dezember 1920 (Gesetzsamml. S. 623) in der Fassung des Gesetzes vom 24. November 1921 (Gesetzsamml. S. 563) wird wie folgt geändert:

§ 1. In § 1 Abs. 1 werden die Grundgehaltssätze erhöht:

bei Gruppe 1 auf 20000 — 21000 — 22000 — 23000 — 24000 — 25000 — 26000 — 27000 — 28000 ℳ jährlich,

bei Gruppe 2 auf 22000 — 23500 — 25000 — 26200 — 27400 — 28600 — 29800 — 31000 ℳ jährlich,

bei Gruppe 3 auf 25000 — 26600 — 28200 — 29800 — 31400 — 33000 — 34500 — 36000 ℳ jährlich.

§ 2. (1) In § 6 Abs. 2 wird der Betrag von 2200 ℳ durch 3000 ℳ und der Betrag von 2000 ℳ durch 2700 ℳ ersetzt.

(2) Der Abs. 4 in § 6 erhält folgende Fassung:

Die nach den bisherigen gesetzlichen Bestimmungen bereits erfolgte Anrechnung von Privatschuldienstzeit wird hierdurch nicht berührt. Soweit in der Zeit vom 1. April bis 30. April 1922 Einzahlungen nach den bisherigen Vorschriften erfolgen, findet die Anrechnung der Privatschuldienstzeit nach den bisherigen Bestimmungen statt.

§ 3. (1) Die Grundvergütungssätze in § 18 Abs. 1 für die auftragsweise in freien planmäßigen Schulstellen vollbeschäftigten und einstweilig angestellten Lehrer werden durch folgende ersetzt:

14000 — 16000 — 17000 — 18000 — 19000 — 19000 — 19000 ℳ.

(2) Bis zur anderweiten Regelung durch den Staatshaushaltsplan oder durch besonderes Gesetz erhalten die auftragsweise in freien planmäßigen Schulstellen vollbeschäftigten und einstweilig angestellten Lehrer bis zur Vollendung des siebenten Dienstjahres zur Grundvergütung nebst Ausgleichszuschlägen einen Notzuschlag

in der Höhe, daß Grundvergütung, Ausgleichszuschläge und Notzuschlag (ohne Frauenbeihilfe) zusammen betragen:

95 — 95 — 98 — 100 — 100 — 100 — 100

v. H. des Anfangsgrundgehalts nebst Ausgleichszuschlägen (ohne Frauenbeihilfe) der Gruppe 1. Lehrerinnen erhalten die Bezüge um 10 v. H. gekürzt.

(3) Die Sätze 1 und 2 im Abs. 1 des § 18 werden entsprechend geändert.

§ 4. Der § 20 erhält folgende Fassung:

Ortszuschlag

(1) Zur Grundvergütung tritt für die in freien planmäßigen Schulstellen auftragsweise vollbeschäftigten und einstweilig angestellten Lehrer (Lehrerinnen) als weiterer Bestandteil des Diensteinkommens ein Ortszuschlag in Höh des Ortszuschlages, den sie als endgültig angestellte Lehrer (Lehrerinnen) in der ersten Gehaltsstufe der Besoldungsgruppe 1 beziehen würden. Den gleichen Ortszuschlag erhalten in der Regel die nicht in freien Stellen auftragsweise beschäftigten Lehrer (Lehrerinnen) (§ 18 Abs. 1).

(2) § 9 Abs. 5 gilt sinngemäß.

Abs. 4 fällt weg.

§ 5. Der § 24 erhält am Schluß folgenden Zusatz:

Ebenso finden die für die unmittelbaren Staatsbeamten jeweils geltenden Bestimmungen über die Gewährung eines weiteren Ausgleichszuschlages und eines besonderen Ausgleichszuschlages (Frauenbeihilfe) Anwendung.

§ 6. Im § 25 wird hinter Ziffer 3 folgende Ziffer 3a eingefügt:

In den Fällen des Artikels I § 15 entscheidet an Stelle des Unterrichtsministers der Oberpräsident.

§ 7. Der § 27 erhält am Schluß folgenden Zusatz:

Dies gilt auch für den besonderen Versorgungszuschlag (Frauenbeihilfe).

§ 8. Der § 36 Abs. 3 erhält folgenden Zusatz:

Die vorbezeichneten Kassen haben auch auf Grund einer allgemeinen Anweisung des Unterrichtsministers oder der Schulaufsichtsbehörde Zahlungslisten aufzustellen und danach zu zahlen. Das Zahlungsgeschäft umfaßt auch die Rechnungs=

legung, die Arbeiten für den reichsgesetzlichen Steuerabzug und die sonstigen mit dem Zahlgeschäft verbundenen Arbeiten.

§ 9. Im § 39 werden unter a zur Erläuterung hinter „Stellen" die Worte eingefügt:

„angestellt oder in freien planmäßigen Stellen".

§ 10. Im § 41 Abs. 1 unter a werden in der zweiten Zeile hinter „(Lehrerinnen)" die Worte eingefügt:

„sowie den in freien planmäßigen Schulstellen auftragsweise vollbeschäftigten Lehrern (Lehrerinnen)".

Der Abs. 2 fällt weg.

§ 11. Im § 41 Abs. 1a wird hinter „Ausgleichszuschlag (§ 24)" hinzugesetzt:

„sowie an weiterem Ausgleichszuschlag und an besonderem Ausgleichszuschlag (Frauenbeihilfe)".

§ 12. Im § 42 werden in Abs. 1 Satz 3 und 4 hinter „(Stelleninhaberinnen)" die Worte eingefügt:

„und der in freien planmäßigen Schulstellen auftragsweise vollbeschäftigten Lehrer (Lehrerinnen)".

Der Abs. 2 fällt weg.

§ 13. Im § 43 Abs. 4 ist am Schlusse hinzuzufügen:

Tritt dagegen eine Verminderung der Schulstellenzahl ein, so werden bei späterer Neuerrichtung von Schulstellen für die Berechnung des Staatsbeitrages nur so viele neue Schulstellen berücksichtigt, als dem Schülerzuwachs seit dem der letzten Stellenverminderung folgenden 1. Mai bei Zugrundelegung von je 60 Kindern entspricht. Sobald die Schulstellenzahl vom 15. September 1920 wieder erreicht ist und die durchschnittlich auf eine Schulstelle entfallende Schülerzahl der damaligen Durchschnittsschülerzahl gleichkommt oder weniger als diese beträgt, lebt das dem Schulverbande (Schulgemeinde) nach dem Stande vom 15. September 1920 zugestandene Vorrecht (Abs. 1 und 2) in vollem Umfange wieder auf.

§ 14. In § 47 Abs. 3 werden auf Zeile 2 50 Millionen durch 100 Millionen, auf Zeile 6 und 9 100 Millionen durch 200 Millionen ersetzt.

§ 15. In § 49 Abs. 1 werden auf der vorletzten Zeile 50 Millionen durch 100 Millionen ersetzt.

Artikel II

Die am 1. April 1922 im Dienst befindlichen endgültig und einstweilig angestellten sowie die auftragsweise vollbeschäftigten Lehrer (Lehrerinnen) werden mit ihrem bisherigen, dem Volksschullehrer-Diensteinkommensgesetz entsprechenden Besoldungs- und Vergütungsdienstalter in die neuen Dienstbezüge eingewiesen.

Ist ein Lehrer (Lehrerin) mit Wirkung von einem späteren Tage als dem 1. November 1921 in eine andere Besoldungsgruppe übergetreten oder erfolgt ein solcher Übertritt künftig, so sind der Berechnung des Besoldungsdienstalters in der neuen Besoldungsgruppe die in diesem Gesetz festgesetzten Grundgehaltssätze zugrunde zu legen.

Artikel III

Mit Wirkung vom Tage des Inkrafttretens dieses Gesetzes sind die Bezüge der Ruhegehaltsempfänger und der Hinterbliebenen nach den Vorschriften dieses Gesetzes neu zu regeln. Das Volksschullehrer-Altruhegehaltsgesetz vom 17. Dezember 1920 (Gesetzsamml. S. 655) findet mit der Maßgabe Anwendung, daß an Stelle des 1. April 1920 der 1. April 1922 tritt.

Artikel IV

Änderung des Volksschullehrer-Ruhegehaltsgesetzes und des Hinterbliebenenfürsorgegesetzes.

a) § 3 des Gesetzes, betreffend die Pensionierung der Lehrer und Lehrerinnen an den öffentlichen Volksschulen, vom 6. Juli 1885 (Gesetzsamml. S. 298) wird wie folgt geändert:

Der Jahresbetrag des Ruhegehalts ist nach oben so abzurunden, daß bei der Teilung durch drei sich volle Markbeträge ergeben.

b) § 3 des Gesetzes, betreffend die Fürsorge für die Witwen und Waisen der Lehrer an den öffentlichen Volksschulen, vom 4. Dezember 1899 (Gesetzsamml. S. 587) erhält folgenden Zusatz:

Der Jahresbetrag des Witwengeldes ist nach oben so abzurunden, daß bei der Teilung durch drei sich volle Markbeträge ergeben.

c) § 4 desselben Gesetzes erhält folgenden Zusatz:

Der Jahresbetrag des Waisengeldes ist nach oben so abzurunden, daß bei der Teilung durch drei sich volle Markbeträge ergeben.

Artikel V

Bei Feststellung des Bedarfs der Landesschulkasse für die Rechnungsjahre 1921 und 1922 sind die seit dem 1. April 1920 eingetretenen Diensteinkommenserhöhungen mit zu berücksichtigen.

Artikel VI

§ 1. Die Ausführungsbestimmungen zu diesem Gesetz erlassen der Unterrichtsminister, der Finanzminister und der Minister des Innern.

§ 2. Dieses Gesetz tritt hinsichtlich des Artikels I §§ 6, 8, 9 und 13 mit Wirkung vom 1. April 1920 und hinsichtlich der übrigen Bestimmungen mit Wirkung vom 1. April 1922 in Kraft.

C. Gesetz

zur Abänderung des Gesetzes über die Besoldung der Lehrer und Lehrerinnen an den öffentlichen mittleren Schulen (Mittelschullehrer-Diensteinkommensgesetz — MDG. —).

Vom 27. April 1922.

(Gesetzsammlung S. 105.)

Vorbemerkungen.

I. Das mit Wirkung vom 1. April 1922 in Kraft getretene Gesetz zur Abänderung des Gesetzes über die Besoldung der Lehrer und Lehrerinnen an den öffentlichen mittleren Schulen (Mittelschullehrer-Diensteinkommensgesetz — MDG. —) vom 27. April 1922 erhöht die Dienstbezüge der Lehrer und Lehrerinnen an den öffentlichen nichtstaatlichen mittleren Schulen in gleicher Weise und in gleichem Umfange, wie es durch das Gesetz über Änderungen in der Beamtenbesoldung vom 19. April 1922 für die unmittelbaren Staatsbeamten geschehen ist, insbesondere also die seit dem Gesetz vom 24. November 1921 (GS. S. 566) geltenden Grundgehaltssätze entsprechend den neuen Sätzen für die Besoldungsgruppen 8, 9 und 10 (Art. I § 1) und den Ortszuschlag für die einstweilig angestellten oder auftragsweise vollbeschäftigten Mittelschullehrpersonen auf 100 v. H. (Art. I § 2 Abs. 1). Für letztere erhöht sich nach § 8 Abs. 1 MDG. entsprechend den erhöhten Grundgehaltssätzen auch die 80 v. H. des Grundgehalts betragende Grundvergütung, außerdem wird ihnen derselbe Notzuschlag wie den Zivilanwärtern im 1. bis 4. Anwärterdienstjahr gegeben (Art. I § 2 Abs. 2). Endlich finden auch für die Mittelschullehrpersonen die für die unmittelbaren Staatsbeamten jeweils geltenden Bestimmungen über den weiteren Ausgleichszuschlag (Sonderzuschlag) und die Frauenbeihilfe) (Art. I § 3) Anwendung und es erhöhen sich mittelbar (vgl. Gesetz v. 11. Juni 1894 — GS. S. 109 — §§ 2 und 5 in Verb. mit VolksschullehrerRuhGehGes. § 4 sowie §§ 25, 27, 28 VDG. und §§ 8, 9 BeamtenHinterblFürsGes. sowie §§ 22 bis 24 VDEG.) für alle Mittelschullehrpersonen im Ruhestande und alle Hinterbliebenen die Versorgungsbezüge einschließlich der Kinderbeihilfen. Auch den Mittelschullehrern im Ruhestande wird dadurch die Frauenbeihilfe gewährt.

Die durch das Gesetz über Änderungen in der Beamtenbesoldung vorgenommene anderweite Abgrenzung der Ortsgruppen, die Erhöhung der Höchstanrechnungsbeträge für Dienstwohnungen (vgl. unten Seite 53), die Vorschriften über die neuen Kinderbeihilfen und der neue Ausgleichszuschlagsatz von 30 v. H. gelten nach §§ 5 Abs. 2, 6, 9, 10 Abs. 2 ohne weiteres auch für die Mittelschullehrpersonen.

II. 1. Zu Art. I § 4: Die Vorausleistungen der Schulunterhaltungsträger für die von ihnen unterhaltenen zur Gruppe 3 gehörigen

Schulstellen mußten wegen der erheblichen Erhöhung der Dienstbezüge ebenfalls angemessen erhöht werden.

2. Zu Art. II: Vgl die Vorbemerkung A Ziff. II, 4.

3. Zu Art. IV Abs. 2: Ausführungsbestimmungen sind bisher nicht erlassen worden.

Der Landtag hat folgendes Gesetz beschlossen:

Artikel I

Das Mittelschullehrer=Diensteinkommensgesetz vom 14 Januar 1921 (Gesetzsamml. S. 325) wird wie folgt abgeändert:

§ 1. Im § 1 Abs. 1 werden die Grundgehaltssätze erhöht:
bei Gruppe 1 auf 22 000 — 23 500 — 25 000 — 26 200 — 27 400 — 28 600 — 29 800 — 31 000 *M* jährlich,
bei Gruppe 2 auf 25 000 — 26 600 — 28 200 — 29 800 — 31 400 — 33 000 — 34 500 — 36 000 *M* jährlich,
bei Gruppe 3 auf 28 000 — 30 000 — 32 000 — 34 000 — 36 000 — 38 000 — 40 000 — 42 000 *M* jährlich.

§ 2. (1) Im § 8 Abs. 1 Satz 2 werden die Worte „für den Ortszuschlag und" gestrichen.

(2) Dem § 8 Abs. 1 werden folgende Sätze 3 bis 6 angefügt:

Daneben erhalten diese Lehrer und Lehrerinnen einen Notzuschlag in der Höhe, daß Grundvergütung und Notzuschlag zusammen betragen im ersten und zweiten Dienstjahr 95, im dritten Dienstjahr 98 und vom dritten Dienstjahr ab 100 v. H. des in Satz 1 gedachten Grundgehalts. Der Notzuschlag erhöht sich um den jeweils geltenden Ausgleichszuschlag. Außerdem erhalten diese Lehrer (Lehrerinnen) den vollen Ortszuschlag, den sie bei der endgültigen Anstellung erhalten würden. Auf die gemäß § 2 mit der Stelle verbundenen Zuschüsse finden die Vorschriften in Satz 3 sinngemäße Anwendung.

§ 3. Dem § 10 Abs. 2 wird folgender Satz angefügt:

Ebenso finden die für die unmittelbaren Staatsbeamten jeweils geltenden Bestimmungen über die Gewährung eines weiteren Ausgleichszuschlages und eines besonderen Ausgleichszuschlages (Frauenbeihilfe) Anwendung.

§ 4. Im § 20 Abs. 1 unter b wird der Betrag von 2000 *M* durch 4000 *M* ersetzt.

Artikel II

(1) Die am 1. April 1922 im Dienst befindlichen endgültig und einstweilig angestellten sowie die auftragsweise vollbeschäftigten Lehrer (Lehrinnen) werden mit ihrem bisherigen, dem Mittelschullehrer-Diensteinkommensgesetz entsprechenden Besoldungs- und Vergütungsdienstalter in die neuen Dienstbezüge eingewiesen.

(2) Ist ein Lehrer (Lehrerin) mit Wirkung von einem späteren Tage als dem 1. November 1921 in eine andere Besoldungsgruppe übergetreten oder erfolgt ein solcher Übertritt künftig, so sind der Berechnung des Besoldungsdienstalters in der neuen Besoldungsgruppe die in diesem Gesetze festgesetzten Grundgehaltssätze zugrunde zu legen.

Artikel III

Bei Feststellung des Bedarfs der Landesmittelschulkasse für das Rechnungsjahr 1922 sind die im Artikel I angeordneten Diensteinkommenserhöhungen mit zu berücksichtigen.

Artikel IV

(1) Dieses Gesetz tritt mit Wirkung vom 1. April 1922 ab in Kraft.

(2) Die Ausführungsbestimmungen zu diesem Gesetz erlassen der Unterrichtsminister, der Finanzminister und der Minister des Innern.

Berichtigung.

Auf Seite 11 des 2. Ergänzungsheftes der „Preußischen Besoldungsgesetze" ist der Text des Gesetzes über eine Änderung der Dienst- und Versorgungsbezüge der unmittelbaren Staatsbeamten vom 24. November 1921 (GS. S. 553) in Art. I § 1 Ziffer VIII bis XI folgendermaßen zu berichtigen:

Ziffer VIII hat zu lauten:

VIII. In den Schlußbemerkungen zur Anlage 1 Abschnitt C (Nebenbezüge) ist unter Ziff. 5 zu b für 1200 *M* 5000 *M* und zu c für 900 *M* 3500 *M* zu setzen.

Die bisherigen Ziffern VIII, IX und X sind zu ändern in IX, X und XI.

Anhang.

I. Ministerialerlasse:

1. Erster Nachtrag zu den Ausführungsbestimmungen zum Beamtendiensteinkommengesetz (Preuß. Besoldungsvorschriften vom 8. Juli 1921) — Bes. 2314.*)

Vom 8. März 1922 — Bes. 614 / III 6, 55.**)

I. Auf Grund der gemäß § 35 BDEG. durch den Landtag vorgenommenen Nachprüfung der PBV. werden diese, wie folgt, geändert:

1. Die Ziff. 16 erhält folgende Fassung: Der Beamte ist von jeder Festsetzung seines BDA. unter Hinweis auf Ziff. 18 schriftlich zu benachrichtigen (§ 3 Abs. 9 BDEG.). Der Benachrichtigung über das BDA. ist eine genaue Aufstellung über die Berechnung desselben beizufügen.

2. Die Ziff. 18 erhält folgende Fassung: Sind einem Beamten z. B. infolge unrichtiger Eingruppierung, unrichtiger Festsetzung des BDA. oder aus anderen Gründen Beträge angewiesen worden, die ihm nicht zukamen, so sind nach Berichtigung des Versehens die zuviel gezahlten Beträge wieder einzuziehen, soweit dies nach den Vorschriften des Bürgerlichen Rechts zulässig ist (vgl. insbesondere §§ 818 bis 822 BGB.). Soweit eine Wiedereinziehung zuviel gezahlter Beträge zulässig und möglich ist, kann davon mit Genehmigung des Fachministers abgesehen werden. Werden zuviel gezahlte Beträge ganz oder teilweise wieder eingezogen, so ist bei der Festsetzung der Termine angemessene Rücksicht auf die wirtschaftlichen Bedürfnisse des Beamten zu nehmen.

3. Ziff. 20 Abs. 2 und 3 erhalten folgende Fassung: (2) Als eine bei dem gleichen Dienstzweig verbrachte Dienstzeit ist die bei derselben Verwaltung zurückgelegte Dienstzeit anzusehen. (3) Es soll auch regelmäßig die Anwärterdienstzeit bei einem anderen Dienstzweig angerechnet werden, wenn die Beschäftigung eine gleichartige und für den neuen Dienstzweig förderliche gewesen ist (z. B. Kassendienst, Kanzleidienst, Amtsgehilfendienst, Vermessungsdienst bei den einzelnen Verwaltungen). In Zweifelsfällen entscheidet der Fachminister im Einvernehmen mit dem Finanzminister.

4. Ziff. 20 Abs. 4 fällt weg.

---

*) Abgedruckt im 1. Ergänzungsheft zu den Preußischen Besoldungsgesetzen.

**) Der Erlaß ist vor dem Gesetz über Änderungen in der Beamtenbesoldung vom 19. April 1922 (GS. S. 83) ergangen und berücksichtigt deshalb noch nicht die neuen Gehaltssätze.

5. Ziff. 22 erhält folgende Fassung: Wie weit die Dienstzeit bei Kommunalbehörden oder Körperschaften des öffentlichen Rechts auf das BDA. angerechnet wird, bestimmt der Fachminister in Gemeinschaft mit dem Finanzminister.

6. Ziff. 23 erhält folgende Fassung: (1) Eine Anrechnung im Sinne der Ziff. 20 und 22 darf nicht erfolgen, soweit sich dadurch für den betreffenden Beamten ein günstigeres BDA. ergeben würde, als es ein Beamter der regelmäßigen Laufbahn mit gleichlanger Gesamtdienstzeit bei regelrechtem Aufstieg besitzt. Statt der Gesamtdienstzeit kann auch das Prüfungsdienstalter oder das Anwärterdienstalter zum Anhalt genommen werden, wenn es einen sicheren Vergleichsmaßstab abgibt, letzten Endes das Lebensalter. (2) Die Anrechnung ist ausgeschlossen, soweit schon durch die Anrechnung derselben Dienstzeit auf das Anwärterdienstalter eine Verbesserung des BDA. nach Ziff. 20 einzutreten hat.

7. In Ziff. 25 werden die beiden ersten Worte „ob und" gestrichen.

8. Ziff. 26 erhält folgende abgeänderte Fassung: (1) Als praktische Beschäftigung im Sinne der Ziff. 25 kommt grundsätzlich nur eine Tätigkeit z. B. in der Eigenschaft eines Arbeiters oder Angestellten im Reichs-, Landes-, Gemeinde-, Kirchen- oder Schuldienst oder in einem freien Berufe in Frage, die der Tätigkeit des Beamten in der Stelle, in der die Anstellung erfolgt, gleichwertig und förderlich gewesen ist. (2) Von der Ermächtigung in Ziff. 25 Satz 3 soll nur in ganz besonderen Ausnahmefällen Gebrauch gemacht werden. (3) Ziff. 23 Abs. 1 und 2 gelten sinngemäß.

9. Ziff. 28 Abs. 2 erhält folgende Fassung: (2) Nicht als Militäranwärter sind anzusehen: a) die Inhaber des Anstellungsscheines oder einer Bescheinigung der zuständigen Militärbehörde, daß ihnen eine den Militäranwärtern vorbehaltene Stelle übertragen werden kann, und b) die Inhaber des Forstversorgungsscheines.

10. Ziff. 29 Abs. 2 erhält folgende Fassung: Ebenso gilt als Zivildienstzeit im Sinne der Ziff. 27 die Zeit einer nach dem Ausscheiden aus dem Heere oder der Marine erfolgten praktischen (informatorischen) Beschäftigung und die Zeit des nach dem Ausscheiden aus dem Heere oder der Marine abgeleisteten Probe- und Vorbereitungsdienstes, auch wenn sie nicht nach Ziff. 141 als Anwärterdienstzeit zu gelten hat. In den Fällen des Abs. 1 ist Voraussetzung, daß die Dienstzeiten in dem gleichen oder einem anderen Dienstzweig (Ziff. 20), in dem die planmäßige Anstellung erfolgt, bis zur Erlangung derselben zurückgelegt sind. Wie weit ausnahmsweise die im Dienst der Gemeinden oder anderer Körperschaften des öffentlichen Rechts oder der Kriegsorganisationen zurückgelegte Dienstzeit als Zivildienstzeit im Sinne der Ziff. 27 berücksichtigt werden kann, bestimmt der Fachminister in Gemeinschaft mit dem Finanzminister.

11. Ziff. 29 Abs. 3 fällt fort.

12. Ziff. 31 Abs. 5 fällt fort.

13. In Ziff. 32 wird im Abs. 1 am Schlusse folgender Zusatz eingefügt: g) der Dienst in der staatlichen Schutzmannschaft, in der Ordnungs- und Schutzpolizei, in der Landjägerei, in der Schiffahrtspolizei

und in allen denjenigen Körperschaften, in denen der Zivilversorgungsschein erdient werden kann und erdient worden ist.

14. In Ziff. 36 werden im Abs. 2 Satz 1 die Worte „desselben Dienstzweiges (Ziff. 22)“ gestrichen.

15. Ziff. 47 Abs. 2 erhält folgenden Zusatz: Soweit Beamte bereits vor dem 1. 4. 1920 eine entsprechende gehobene Stelle bekleidet haben, für welche in dem Staatshaushaltsplan eine Stellenzulage vorgesehen war, darf das BDA. nach den vorstehenden Vorschriften nicht auf einen späteren Zeitpunkt festgesetzt werden, als den, seit welchem der Beamte die Stellenzulage ununterbrochen bezogen hat.

16. In Ziff. 47 Abs. 3 wird der Abschnitt k wie folgt geändert: k) Oberregierungsräte, Oberbauräte, aufsichtführende Richter an den Amtsgerichten mit 10 und mehr Richtern, Oberregierungs- und Schulräte, Landräte bei großen Landratsämtern in der Gruppe 12 aus der Gruppe 10.

17. In Ziff. 64 im Abs. 1 sind die Worte „(Ziff. 22)“ zu ersetzen durch „(Ziff. 20)“.

18. Ziff. 64 Abs. 2 erhält folgende Fassung: Ziff. 23 Abs. 2 gilt sinngemäß.

19. In Ziff. 65 sind die Worte „(Ziff. 22)“ zu ersetzen durch „(Ziff. 20)“.

20. Ziff. 74 Abs. 1 erhält folgende Fassung: (1) Bei der Anstellung von Geistlichen im unmittelbaren Staatsdienst ist die im geistlichen Amt nach der Ordination zugebrachte Dienstzeit, soweit sie 5 Jahre übersteigt, auf das BDA. nach Gruppe 10 anzurechnen. Die Ziff. 159 findet entsprechende Anwendung.

21. In der Ziff. 75 ist in der Überschrift und im Text das Wort „seminaristisch“ durch „seminarisch“ zu ersetzen.

22. Hinter der Ziff. 75 ist eine neue Ziff. 75a mit folgender Überschrift einzufügen:

Anstellung akademisch gebildeter Lehrer, die aus dem Volksschuldienst hervorgegangen sind, im staatlichen Schuldienst.

75a. (1) Bei der Anstellung akademisch gebildeter Lehrer (Lehrerinnen), die aus dem Volksschuldienst oder aus einer Stelle der Gruppen 7, 8 und 9 der Besoldungsordnung hervorgegangen sind, in einer Stelle der Gruppe 10 der Besoldungsordnung wird die im öffentlichen Volksschuldienst oder in einer Stelle der Gruppen 7, 8 und 9 der Besoldungsordnung zugebrachte Dienstzeit einschl. der Zeit des vorgeschriebenen Studiums, der Prüfungszeit, der zweijährigen Vorbereitungszeit und der nachfolgenden Anwärterdienstzeit, soweit sie den Zeitraum von 12 Jahren übersteigt, innerhalb der Grenzen des § 3 Ziff. 7 Satz 2 BDEG. auf das BDA. angerechnet. (2) Bei der Anstellung der im Abs. 1 bezeichneten Lehrer (Lehrerinnen) in einer Stelle der Gruppe 9 der Besoldungsordnung wird das nach Abs. 1 berechnete BDA. um zwei Jahre, bei einer Stelle der Gruppe 8 der Besoldungsordnung um vier Jahre vorgerückt. (3) Diese Bestimmung gilt auch für die am 31. 3. 1920 bereits planmäßig angestellten akademisch gebildeten Lehrer (Lehrerinnen).

23. In Ziff. 76 Abs. 1 ist hinter den Worten „über die Ziele der Volksschule hinausgehen," einzufügen „sowie an Privatschulen, welche als höhere Lehranstalten anerkannt sind".

24. In Ziff. 80 Abs. 5 wird der Eingang wie folgt geändert: „Den vorhandenen und bis zum 31. 3. 1922 in den Dienst der Landjägerei eintretenden Beamten, die usw.".

25. In Ziff. 88 erhält der Satz 2 folgende Fassung: Eine Stelle im Dienste einer Körperschaft des öffentlichen Rechts wird einer Stelle im Reichs- oder Staatsdienst gleichgeachtet.

26. In Ziff. 102 wird im Abs. 1 Satz 1 das Wort „(örtlichen)" gestrichen.

27. In Ziff. 111 Abs. 1 erhält der erste Satz folgende Fassung: „Für uneheliche Kinder (vgl. §§ 1705 ff. BGB.) wird die Kinderbeihilfe nur auf Antrag und nur insoweit gewährt, als der Beamte ihren Unterhalt zu bestreiten hat."

28. Ziff. 114 wird gestrichen.

29. In Ziff. 115 Abs. 4 und Ziff. 117 werden die Worte „(siehe das Beispiel zu Ziff. 118)" gestrichen.

30. In Ziff. 118 Abs. 2 wird das Beispiel gestrichen.

31. In Ziff. 121 Abs. 3 wird das Beispiel gestrichen.

32. In Ziff. 127 wird Abs. 2 gestrichen. Der bisherige Abs. 3 wird Abs. 2.

33. In Ziff. 133 erhalten die Abs. 2 und 6 folgende Fassung: (2) **Vor der Versagung ist dem Beamten Gelegenheit zu geben, sich zu den Gründen der beabsichtigten Maßregel zu äußern.** Vor dem Versagen ist ferner die örtliche Beamtenvertretung zu hören. Wird das Aufrücken versagt, so sind dem Beamten die Gründe hierfür schriftlich zu eröffnen. (6) Eine Dienstalterszulage kann nach ihrer Fälligkeit nicht mehr versagt werden.

34. In Ziff. 140 ist im Abs. 1 das Wort „Abweichendes" durch „Günstigeres" zu ersetzen.

35. In Ziff. 150 erhält der Abs. 2 folgende Fassung: (2) Sind sie vorher abgeleistet, so erfolgt die Anrechnung insoweit, als durch die Dienstleistung der Beginn des AnwDA. und der AnwDZ. nachweislich verzögert worden ist; Ziff. 65 bis 69 gelten entsprechend.

36. In Ziff. 155 tritt zum Abs. 3 folgender Zusatz: g) bei den Landtagsstenographen und -amtsgehilfen die Zeit einer Unterbrechung der Parlamentsarbeit infolge Vertagung oder Neuwahl.

37. In Ziff. 156 erhält der Abs. 1 folgende Fassung: (1) Von den Zeitabschnitten, die nach Ziff. 155 Abs. 3 nicht als erhebliche Unterbrechung der auf die AnwDZ. anzurechnenden Beschäftigung anzusehen sind, werden angerechnet: die Zeiten unter a in entsprechender Anwendung der Ziff. 150 Abs. 1, die Zeiten unter d auf das AnwDA. und die AnwDZ., die Zeiten unter c und g, soweit sie 90 Tage nicht überschreiten, auf das AnwDA. und die AnwDZ., darüber hinaus nur auf das AnwDA., die Zeiten unter b, e und f weder auf das AnwDA. noch die AnwDZ.

38. Ziff. 171 erhält folgende Fassung: Auf die Vorrückung in höhere Ortszuschlaggruppen haben die nichtplanmäßigen Beamten keinen Rechtsanspruch (Ziff. 131 bis 133).

39. Ziff. 176 Abs. 5 wird gestrichen.

40. Ziff. 180 erhält folgende Fassung: Soweit durch künftige Gesetzesänderungen oder durch eine Änderung der Reichsbesoldungsvorschriften ergänzende oder abweichende Bestimmungen notwendig werden, sind sie vom Finanzminister im Einvernehmen mit dem etwa beteiligten Fachminister zu erlassen. Diese Bestimmungen sowie grundsätzliche Entscheidungen über die Anwendung der BV. sind bei der nächsten Gelegenheit dem Landtage vorzulegen, ebenso die Ergänzungsbestimmungen, die sich nach den BV. aus Sonderregelungen für einzelne Verwaltungszweige ergeben.

41. Hinter Ziff. 180 wird folgende Ziff. 181 neu eingefügt: Soweit im Einzelfall bei Anwendung der BV. über ihre Auslegung Zweifel oder Streitigkeiten entstehen, ist die Beamtenvertretung der in Frage kommenden Behörde zur Mitwirkung hinzuzuziehen. Kommt eine Verständigung nicht zustande, so entscheidet die Zentralbehörde, der die Äußerung der Beamtenvertretung vorzulegen ist.

II. Zwecks Angleichung an Änderungen der Reichsbesoldungsvorschriften sowie zur Beseitigung von Zweifeln werden ferner noch folgende Änderungen der PBV. angeordnet:

1. Der Ziff. 20 Abs. 2 sind folgende Sätze hinzuzufügen: Eine Dienstzeit ist nur insoweit als beim gleichen Dienstzweig verbracht und daher als anrechnungsfähig anzusehen, als sie seit dem Beginn des AnwDA. für diejenige Laufbahn, in der die planmäßige Anstellung erfolgt, verflossen ist. Die bereits nach Ziff. 147 bis 161 auf das AnwDA. angerechneten Zeiträume sind als im gleichen Dienstzweig zugebracht anzusehen und daher auf das BDA. anzurechnen.

2. In Ziff. 36 Abs. 1 sind die Worte „die 12 Jahre übersteigende Militärdienstzeit" zu ersetzen durch „die 10 Jahre übersteigende Militärdienstzeit".

3. In Ziff. 36 Abs. 5 ist der Eingang wie folgt zu ändern: Auf die vor dem 1. 4. 1920 übergetretenen Offiziere und Deckoffiziere ist usw.

4. Die Beispiele in Ziff. 36 Abs. 5 sind infolge der Änderung des Abs. 1 wie folgt zu ändern:

> Beispiele: a) Ein Offizier mit einer Militärdienstzeit von 20 Jahren ist am 1. 10. 1919 in einer Stelle der Besoldungsgruppe 9 planmäßig angestellt mit einem BDA. v. 1. 10. 1919. Die anrechnungsfähige Dienstzeit beträgt 10 Jahre. Vom 1. 4. 1920 an ist das BDA. anderweit festzusetzen, wie folgt: In Gruppe 7 mit einem BDA. v. 1. 4. 1910 Grundgehalt am 1. 4. 1920 = 8500 M, einzureihen in Gruppe 8 mit einem Grundgehalt von 8600 M (BDA. 1. 4. 1914) und in Gruppe 9 mit einem Grundgehalt von 9000 M, steigend am 1. 4. 1922 auf 9600 M, mithin BDA. 1. 4. 1916. b) und c) bleiben unverändert.

5. Ziff. 62 Abs. 2 erhält folgende Fassung: (2) Ist auf Strafversetzung mit Verminderung des Diensteinkommens erkannt, so ist dem Beamten zwar das BDA. unverkürzt zu lassen, in jeder Dienstaltersstufe

aber ist das ihm hiernach zustehende Grundgehalt, wenn auf Kürzung der Dienstbezüge um einen bestimmten Bruchteil erkannt ist, um den Betrag der im Disziplinarurteil festgesetzten Einkommensverminderung zu kürzen (vgl. auch Ziff. 92, 108, 123). Ist dagegen im Disziplinarurteil auf Kürzung des Diensteinkommens um einen bestimmten zahlenmäßig festgesetzten Betrag erkannt, so wird — ebenfalls unter Belassung des BDA. — das Gesamteinkommen des Beamten um diesen Betrag gekürzt. Die Kürzung ist rechnungsmäßig bei den verschiedenen Diensteinkommensteilen (Grundgehalt, Ortszuschlag usw.) anteilig vorzunehmen.

6. In Ziff. 92 Abs. 2 erhält der Satz 2 folgende Fassung: Der sich so ergebende Ortszuschlag wird, wenn auf Kürzung um Bruchteile erkannt ist, in dem gleichen Verhältnisse gekürzt, wie das Grundgehalt nach Ziff. 62 Abs. 2 Satz 1. Als Satz 3 tritt neu hinzu: Wegen des Verfahrens bei Kürzung des Diensteinkommens um einen bestimmten zahlenmäßig festgelegten Betrag vgl. Ziff. 62 Abs. 2 Satz 2.

7. Hinter Ziff. 94 ist als neue Ziff. 94a einzuschalten: 94a. (1) Bei Beamten mit eigenem Hausstande, die versetzt sind und ihren Hausstand infolge äußerer Umstände (Wohnungsmangel, Hemmungen im Güterverkehr) an dem Orte, an den sie versetzt sind, nicht innerhalb eines Monats einrichten können, gilt für die Dauer der Fortführung des Hausstandes am bisherigen Wohnorte dieser als dienstlicher Wohnsitz im Sinne der Ziff. 93. (2) Ein „eigener Hausstand" ist dann anzunehmen, wenn der Beamte eine Wohnung mit eigener oder selbstbeschaffter Geräteausstattung und Kochgelegenheit besitzt (nicht etwa in einem „möblierten" Zimmer wohnt), in seiner Wohnung die zum Lebensunterhalt notwendigen Speisen (wenigstens eine Hauptmahlzeit) durch einen Haushaltsgehilfen — auch Familienangehörigen — für eigene Rechnung herstellen läßt und für dessen Beköstigung auch während seiner Abwesenheit ganz oder teilweise aufzukommen hat. (3) Als „versetzt" können auch solche Beamte behandelt werden, die in den Dienst der Behörde einer anderen Verwaltung — sei es in gleicher Eigenschaft, unter planmäßiger Anstellung oder unter Beförderung — endgültig übertreten. (4) Der Grundsatz ist beim Vorliegen der Voraussetzung sinnentsprechend anzuwenden, wenn a) Beamte erstmalig — auch auf Probe — angestellt, b) Beamtenanwärter unter Gewährung von Vergütung zur Probedienstleistung oder Vorbereitung einberufen oder während derartiger Dienstleistung einer anderen Behörde überwiesen, c) Beamte des Reichs, der Länder, Gemeinden und anderer öffentlich-rechtlichen Körperschaften in den Staatsdienst übernommen werden. (5) Die planmäßigen Bezüge des versetzten Beamten sind aus den Mitteln der Stelle zu bestreiten, in die er versetzt wurde, und zwar das Grundgehalt in Höhe des neuen Stelleneinkommens, der Ortszuschlag zwar in der dem neuen Grundgehalt entsprechenden Höhe, aber nach der alten Ortsklasse (des beibehaltenen dienstlichen Wohnsitzes — bisherigen Wohnorts —), der Ausgleichszuschlag zum Grundgehalt und zum Ortszuschlage nach der alten Ortsklasse. (6) Diese Bestimmungen sind sowohl bei Versetzungen nach Orten, die einer niedrigeren Ortsklasse als der des bisherigen Wohnorts angehören, wie auch bei Versetzungen nach Orten einer höheren Ortsklasse anzuwenden, also gleichviel, ob die Bestimmungen im einzelnen Falle zugunsten oder zu ungunsten des versetzten Beamten wirken.

8. Ziff. 95 erhält folgende Fassung: Für die Stellung der Orte in den verschiedenen Ortsklassen gilt das Gesetz v. 13. 1. 1922 (RGBl. S. 87).

9. Ziff. 123 Abs. 3 erhält folgenden Zusatz: Dies gilt insbesondere auch bei Kürzungen des Diensteinkommens nach Bruchteilen auf Grund eines Disziplinarurteils (vgl. Ziff. 62 Abs. 2 Satz 1). Wegen des Verfahrens bei Kürzungen um einen bestimmten zahlenmäßig festgelegten Betrag vgl. Ziff. 62 Abs. 2 Satz 2.

10. Ziff. 152 Abs. 2 erhält folgenden Zusatz: Der Fachminister kann im Einvernehmen mit dem Finanzminister von dem Erfordernisse der Aussicht auf dauernde Verwendung absehen.

III. Auf Grund der Gesetze v. 24. 11. 1921 (GS. S. 553 ff.) und 9. 2. 1922 (GS. S. 33) treten mit Wirkung v. 1. 10. 1921, hinsichtlich der Ziff. 5 mit Wirkung v. 1. 4. 1920 an folgende Änderungen der PBV. ein:

1. In Ziff. 90 Abs. 3 sind die Grundgehaltssätze wie folgt anzugeben: (25 000)=18 750, (26 800)=20 100, (28 600)=21 450, (30 400 22 800, (32 200)=24 150, (33 800)=25 350, (25 400)=26 550, (37 000) 27 750.

2. In Ziff. 100 Abs. 1 sind die Zahlen 7000 und 11 000 durch die Zahlen 20 000 und 30 000 zu ersetzen.

3. In Ziff. 100 Abs. 2 ist die Übersicht durch die nachstehende zu ersetzen:

Die Höchstgrenze des für eine Dienstwohnung anzurechnenden Betrags beträgt

für Beamte der Besoldungsgruppe	in den Orten der Ortsklasse				
	A Mark	B Mark	C Mark	D Mark	E Mark
1	1 200	900	750	600	450
2 bis 3	1 440	1 080	900	720	540
4	1 680	1 260	1 050	840	630
5 bis 7	1 920	1 440	1 200	960	720
8	2 160	1 620	1 350	1 080	810
9 bis 10	2 880	2 160	1 800	1 440	1 080
11	3 200	2 400	2 000	1 600	1 200
12, 13 u. Einzelgehälter . .	4 000	3 000	2 500	2 000	1 500

4. In Ziff. 113 sind die Zahlen 40, 50 und 60 durch die Zahlen 150, 200 und 250 zu ersetzen.

5. Die Ziff. 115 wird noch wie folgt erläutert: Unter eigenem Einkommen eines Kindes ist das Einkommen zu verstehen, das das Kind tatsächlich bezieht, also beispielsweise bei freier Station: der von dem zuständigen Finanzamt oder Landesfinanzamte festgesetzte Wert der freien Station, bei einem Einkommen aus barem Lohne usw.: der Rohbetrag nach Abzug der Kranken-, Invaliden- oder Angestelltenversicherungsbeiträge, bei Einkommen aus Kapitalvermögen: die Zinsen nach Abzug der Kapitalertragssteuer. Andere Ausgaben, die reichsgesetzlich zu den sogenannten Werbungskosten zählen, z. B. die Ausgaben, die einem Kinde durch Fahrten zwischen Wohnung und Arbeitsstätte erwachsen,

Sterbekassenbeiträge, Lebensversicherungsbeiträge, Vereinsbeiträge usw., dürfen vom Einkommen nicht abgezogen werden, ebensowenig Beträge für Beschaffung, Reinigung und Instandhaltung der Berufskleidung, Schulgeld usw. Der Begriff „steuerpflichtiges" Einkommen ist im Gesetze nicht mehr vorgesehen; es kommt nur darauf an, ob ein Kind überhaupt eigenes Einkommen bezieht. Soweit das eigene Einkommen des Kindes den Betrag von 1500 ℳ übersteigt, ist es auf die Kinderbeihilfe samt Ausgleichszuschlag anzurechnen.

6. Die Ziff. 122 wird wie folgt geändert: (1) Die Kinderbeihilfe fällt weg: a) mit dem Ablaufe des Kalendervierteljahrs, in dem die sonstigen Voraussetzungen für ihre Gewährung wegfallen, z. B. das Kind, das das 14. oder 21. Lebensjahr vollendet, stirbt oder eine Ehe eingeht; b) mit dem Ablaufe des Monats, in dem das Kind nach vollendetem 14. Lebensjahr ein Einkommen bezieht, das den Betrag von 1500 ℳ um mindestens den Betrag der Kinderbeihilfe einschließlich Ausgleichszuschlag übersteigt. (2) Ist ein Kind am ersten Tage eines Kalendervierteljahrs geboren, so tritt der an die Erreichung des 14. oder 21. Lebensjahrs geknüpfte Wegfall der Beihilfe (Ziff. 121 Abs. 2) oder ihre Verminderung infolge Einkommensbezugs bereits mit dem Geburtstag ein (§ 187 Abs. 2 Satz 2 BGB.).

7. Die Anlagen sind durch die beigefügten neuen Tabellen zu ersetzen (hier nicht mit abgedruckt, weil überholt).

Der Preußische Finanzminister.

In Vertretung:

Weber.

2. Ausführungsanweisung des Finanzministers betr. die Berechnung des Versorgungszuschlags der Ruhegehaltsempfänger, Wartegeldempfänger und Witwen nach dem Gesetz über die Gewährung eines weiteren Ausgleichszuschlags an unmittelbare Staatsbeamte und Lehrpersonen vom 9. Februar 1922.

Vom 20. Februar 1922 — I. D. 1. 718 —*)

Neue Berechnung des Versorgungszuschlages.

1. Im Anschluß an die vorläufige Ausführungsanweisung v. 25. 1. 1922 — Bes. 197 —, durch die das Gesetz über die Gewährung eines weiteren Ausgleichszuschlages an unmittelbare Staatsbeamte und Lehrpersonen bekanntgegeben ist, wird angeordnet, daß mit Wirkung v. 1. 1. 1922 auch eine Neuberechnung des Versorgungszuschlages der Ruhegehaltsempfänger, Wartegeldempfänger und Witwen nach den nachfolgenden Grundsätzen stattzufinden hat.

Vordrucke.

2. Die Neuberechnung hat unter Benutzung der anliegenden Vordrucke[1]) für Ruhegehaltsempfänger, Wartegeldempfänger und Hinter-

---

[1]) Hier nicht mit abgedruckt.

*) Der Erlaß ist vor dem Gesetz über Änderungen in der Beamtenbesoldung vom 19. April 1922 (GS. S. 83) ergangen und berücksichtigt deshalb noch nicht die neuen Gehaltssätze.

bliebene, die durch Probebeispiele ausgefüllt sind, mit größter Beschleunigung zu erfolgen.

Soweit die Neuberechnung der Versorgungsbezüge auf Grund der Art. II und III des Gesetzes über eine Änderung der Dienst- und Versorgungsbezüge der unmittelbaren Staatsbeamten v. 24. 11. 1921 — GS. 553 — gemäß meiner Ausführungsanweisung dazu v. 20. 12. 1921 — I. D. 1. 3462 —[2]) noch nicht stattgefunden hat, ist für jeden Versorgungsberechtigten die Umrechnung des Versorgungszuschlages v. 1. 1. 1922 ab beim Eintreffen der Nachweisung über die Umrechnung der Versorgungsbezüge v. 1. 10. 1921 ab vorzunehmen. Die Feststellung der Sollbeträge in dem Vordruck für die v. 1. 10. 1921 ab wirksame Neufestsetzung hat dabei zu unterbleiben. Die Sollbeträge sind nur in dem Vordruck für die v. 1. 1. 1922 ab geltenden Bezüge festzustellen.

Umrechnung des Versorgungszuschlages bei Ruhegehaltsempfängern und Wartegeldempfängern.

3. Durch die Gewährung des weiteren Ausgleichszuschlages an die aktiven Beamten ergibt sich für die Berechnung des Versorgungszuschlages der Ruhegehaltsempfänger, daß die in der Ausführungsanweisung v. 21. 1. 1921[3]) (für die Justizverwaltung v. 3. 3. 1921) zum BDEG. und BARG. unter Ziff. II g ausgesprochene Regel, daß bei Ruhegehaltsempfängern bis zu einer ruhegehaltsfähigen Dienstzeit von 19 Jahren der Versorgungszuschlag gleichmäßig die Hälfte des Ausgleichszuschlages beträgt, der auf das Ruhegehalt oder die Grundvergütung und den Ortszuschlagsdurchschnitt entfällt, und daß lediglich bei einer ruhegehaltsfähigen Dienstzeit von 20 Jahren an der Versorgungszuschlag sich nach der Höhe des Ruhegehalts richtet, nicht mehr zutrifft. Eine Regel darüber, von welchem ruhegehaltsfähigen Dienstjahr an die eine oder die andere Berechnungsart für den Ruhegehaltsempfänger günstiger ist, läßt sich nicht mehr aufstellen.

Nur bei den Ruhegehaltsempfängern von 20 und mehr Dienstjahren sowie bei denjenigen Wartegeldempfängern, bei denen das Wartegeld mehr als die Hälfte des ruhegehaltsfähigen Diensteinkommens beträgt, was nur in Ausnahmefällen nicht der Fall ist, erübrigt sich die Berechnung des halben Ausgleichszuschlages vom ruhegehaltsfähigen Diensteinkommen, da der Ausgleichszuschlag vom Ruhegehalt oder Wartegeld hier stets höher ist. Es müssen mithin in allen Fällen einer ruhegehaltsfähigen Dienstzeit bis zu 20 Jahren beide Berechnungen aufgestellt werden, damit der günstigere Betrag zur Zahlung angewiesen werden kann.

Beispiel 1: Ein Beamter der Gruppe 2 mit einem ruhegehaltsfähigen Diensteinkommen von 12 400 ℳ Grundgehalt und 2600 ℳ Ortszuschlagsdurchschnitt, zusammen 15 000 ℳ, ist nach einer ruhegehaltsfähigen Dienstzeit von mehr als 14 Jahren in den Ruhestand versetzt. Das Ruhegehalt beträgt $^{24}/_{60}$ von 15 000 ℳ = 6000 ℳ. Es ist zu berechnen:

---

[2]) Im 2. Ergänzungsheft z. d. „Preuß. Besoldungsgesetzen" S. 31 ff. abgedruckt.

[3]) In den „Preuß. Besoldungsgesetzen" 2. Aufl. S. 312 ff. abgedruckt.

1. der halbe Ausgleichszuschlag, der auf das ruhegehaltsfähige Diensteinkommen von 15000 ℳ entfallen würde, d. h. auf die ersten

10000 ℳ 40 v. H. = ...	4000 ℳ
auf die folgenden 5000 ℳ 20 v. H. = ...	1000 „
Zusammen . .	5000 ℳ.
Die Hälfte hiervon beträgt mithin	2500 ℳ.

2. der Ausgleichszuschlag vom Ruhegehalt von 6000 ℳ; da dieser Betrag unter 10000 ℳ ist, mithin 40 v. H. von 6000 ℳ = 2400 ℳ.

3. Es sind daher zu zahlen an Versorgungszuschlag 2500 ℳ.

Beispiel 2: Ein Beamter der Gruppe 10 mit einem ruhegehaltsfähigen Diensteinkommen von 26800 ℳ Grundgehalt und 4680 ℳ Ortszuschlagsdurchschnitt, zusammen 31480 ℳ, ist nach einer ruhegehaltsfähigen Dienstzeit von mehr als 11 Jahren in den Ruhestand versetzt. Das Ruhegehalt beträgt $^{21}/_{60}$ von 31460 ℳ = abgerundet 11019 ℳ. Es ist zu berechnen:

1. der halbe Ausgleichszuschlag, der auf das ruhegehaltsfähige Diensteinkommen von 31480 ℳ entfallen würde, d. h. auf die ersten

10000 ℳ 40 v. H. = ...	4000 ℳ
auf die folgenden 21480 ℳ 20 v. H. = ...	4296 „
Zusammen . .	8296 ℳ.
Die Hälfte hiervon beträgt mithin	4148 ℳ.

2. ist zu berechnen:

der Ausgleichszuschlag vom Ruhegehalt von 11019 ℳ, d. s. von den

ersten 10000 ℳ 40 v. H. = ...	4000,— ℳ
von den folgenden 1019 ℳ 20 v. H. = ...	203,80 „
Zusammen . .	4203,80 ℳ.

3. Es sind daher zu zahlen an Versorgungszuschlag 4203,80 ℳ.

Während mithin in dem ersten Beispiel bei einer ruhegehaltsfähigen Dienstzeit von 14 Jahren der halbe Ausgleichszuschlag vom ruhegehaltsfähigen Diensteinkommen noch höher ist als der Ausgleichszuschlag vom Ruhegehalt, ist in dem zweiten Beispiel der Ausgleichszuschlag vom Ruhegehalt bereits bei einer ruhegehaltsfähigen Dienstzeit von 11 Jahren höher als der halbe Ausgleichszuschlag vom ruhegehaltsfähigen Diensteinkommen.

Versorgungszuschlag der Witwen.

4. Bei den Witwen erhöht sich der Versorgungszuschlag regelmäßig um 1000 ℳ, da sich der Ausgleichszuschlag der planmäßigen Beamten regelmäßig um 2000 ℳ erhöht.

Notzuschläge von nichtplanmäßigen Beamten sowie von gleichgestellten Beamten.

5. Die gemäß Art. I § 2 des Gesetzes über eine Änderung der Dienst- und Versorgungsbezüge der unmittelbaren Staatsbeamten v. 24. 11. 1921 — GS. S. 553 — zu gewährenden Notzuschläge der nichtplanmäßigen und der gleichgestellten Beamten, die darauf entfallenden Ausgleichszuschläge sowie die gemäß § 2 Abs. 2 des Gesetzes über die

Gewährung eines weiteren Ausgleichszuschlages an unmittelbare Staatsbeamte und Lehrpersonen v. 9. 2. 1922 den gleichen Beamten zu gewährenden Notzuschläge sind nicht ruhegehaltsfähig. Bei den fraglichen Versorgungsberechtigten ist daher der Versorgungszuschlag gemäß § 2 Abs. 1 des Gesetzes v. 9. 2. 1922 von ihrem ruhegehaltsfähigen Diensteinkommen oder Ruhegehalt ohne Berücksichtigung der in dem erwähnten Art. I § 2 bestimmten Notzuschläge festzusetzen.

Erhöhung des Versorgungszuschlags zur Erreichung der bisherigen Bezüge.

6. Die Bestimmung des Art. IV § 1 Satz 2 des Gesetzes v. 24. 11. 1921, auf Grund der, wie in Ziff. 6 der Ausführungsanweisung v. 20. 12. 1921 bestimmt ist, zur Erreichung der bisherigen Bezüge auch ein über den vollen Satz des Ausgleichszuschlages vom ruhegehaltsfähigen Diensteinkommen hinausgehender Versorgungszuschlag gewährt werden kann, behält Gültigkeit. Jedoch mindert sich der lediglich zur Erreichung der bisherigen Bezüge bewilligte Betrag an Versorgungszuschlag um denjenigen Betrag, um den sich der kraft Gesetzes ohne weiteres zu bewilligende Versorgungszuschlag erhöht.

Beispiel: (in abgerundeten Zahlen).

Hatte beispielsweise eine Witwe am 30. 9. 1921 Gesamtbezüge von 6000 ℳ und betrug das neue Witwengeld v. 1. 10. 1921 ab 3000 ℳ, der kraft Gesetzes zu bewilligende Versorgungszuschlag 2400 ℳ, so war ihr zur Erreichung der bisherigen Bezüge von 6000 ℳ ein weiterer Versorgungszuschlag von 600 ℳ zu bewilligen. Erhöht sich jetzt am 1. 1. 1922 auf Grund der Gewährung des weiteren Ausgleichszuschlags der kraft Gesetzes zustehende Versorgungszuschlag von 2400 ℳ auf 3400 ℳ, so fällt der zur Erreichung der bisherigen Bezüge bewilligte Betrag von 600 ℳ erhöhten Versorgungszuschlags v. 1. 1. 1922 fort.

Hatte dieselbe Witwe am 30. 9. 1921 Versorgungsbezüge von zusammen 7000 ℳ, so war ihr am 1. 10. 1921 neben dem Witwengeld von 3000 ℳ und dem kraft Gesetzes zustehenden Versorgungszuschlag von 2400 ℳ zur Erreichung der bisherigen Bezüge von 7000 ℳ ein weiterer Versorgungszuschlag von 1600 ℳ zu bewilligen. Erhöht sich nunmehr am 1. 1. 1922 der kraft Gesetzes zustehende Betrag an Versorgungszuschlag auf 3400 ℳ, so erhält sie zur Erreichung der bisherigen Bezüge nunmehr v. 1. 1. 1922 noch einen weiteren Versorgungszuschlag von 600 ℳ.

Im übrigen gelten die Vorschriften unter Ziff. 6 der Ausführungsanweisung v. 20. 12. 1921 — I. D. 3462 — insbesondere darüber, daß die durch besonderen Ministerialerlaß auf bestimmte Zeiträume bewilligten erhöhten Prozentsätze des Versorgungszuschlages für diesen Zeitraum auch bei Änderung der Ausgleichszuschlagssätze ihre Gültigkeit behalten, entsprechend.

Regelung der Vorschüsse.

7. In der unter Ziff. 7 der Ausführungsanweisung v. 20. 12. 1921 getroffenen Regelung der gezahlten Vorschüsse tritt eine Änderung nur

insofern ein, als sich die Abdeckung des etwa anzurechnenden Teils des Vorschusses durch eine Erhöhung der Versorgungsbezüge schneller vollzieht. Insbesondere bleibt derjenige Betrag, auf dessen Rückzahlung nach der damaligen Regelung verzichtet worden ist, auch trotz einer etwaigen am 1. 1. 1922 eintretenden Erhöhung der Bezüge in Ausgabe belassen.

Auch tritt darin, daß die Abdeckung des anzurechnenden Betrages des Vorschusses in der Weise vorzunehmen ist, daß die am 30. 9. 1921 laufenden Gebührnisse bis zur Abdeckung des Vorschusses fortzuzahlen sind, eine Änderung nicht ein.

Umrechnungsbehörde.

8. Die Umrechnung der Gebührnisse hat ebenso wie bisher die Änderungen des Versorgungszuschlages durch die der zahlenden Kasse übergeordnete Regierung (Bergbehörde) auf Grund der Angaben in den Grundlisten (Katastern) zu erfolgen. In der Justizverwaltung ist nach den Bestimmungen unter III 2 der Rundverfügung v. 26. 5. 1920 (JMBl. S. 231) zu verfahren.

Gnadenvierteljahr.

9. Wegen des Gnadenvierteljahrs gilt Ziff. 11 der Ausführungsanweisung v. 20. 12. 1921 entsprechend.

Veränderte Höchst- und Mindestsätze.

10. In Ergänzung der Ausführungsanweisung v. 20. 12. 1921 wird ausdrücklich darauf hingewiesen, daß nach Art. I § 1 Abs. V des Gesetzes v. 24. 11. 1921 der Mindestbetrag des Witwengeldes 3000 ℳ und der Höchstbetrag 28 000 ℳ beträgt und daß nach Abs. 4 daselbst im § 3 Abs. 2 der Wartegeldverordnung v. 26. 2. 1919 nunmehr statt 12 000 ℳ 60 000 ℳ zu setzen ist.

Druckfehlerberichtigung.

11. In der Ausführungsanweisung v. 3. 9. 1921 zur Verordnung über die Gewährung von Notzuschlägen zum Grundgehalt, zur Grundvergütung, zum Ortszuschlag und zu den Kinderbeihilfen der Staatsbeamten und Lehrpersonen v. 2. 9. 1921 (Sonderabdruck aus dem FMBl. Nr. 16) ist folgender Druckfehler zu berichtigen:

Der Versorgungszuschlag bei einem ruhegehaltsfähigen Diensteinkommen von 8700 ℳ bei Ruhegehaltsempfängern bis zu 19 vollen Dienstjahren und bei Witwen beträgt in Ortsklasse A: 5328,90 ℳ (nicht 6328,90 ℳ).

Beschaffung der Vordrucke.

12. Für die Beschaffung der Vordrucke gilt Ziff. 13 meiner Ausführungsanweisung vom 20. 12. 1921 (I. D. 1. 3462) entsprechend.

Zugleich im Namen sämtlicher Herren Staatsminister.

Der Preußische Finanzminister.

von Richter.

An die nachgeordneten Behörden.

3. Erlaß des Finanzministers betreffend die Gewährung und Zahlung von Wirtschaftsbeihilfen an Beamte, Lehrpersonen an öffentlichen Schulen und Angestellte.

Vom 21. Februar 1922 — Bs. 559/Lo. 520.

I. Es ist beabsichtigt, entsprechend den an die Staatsarbeiter in Orten mit besonders schwierigen wirtschaftlichen Verhältnissen gewährten Überteuerungszuschüssen auch für Beamte, Lehrpersonen an öffentlichen Schulen und Angestellte an diesen Orten besondere Wirtschaftsbeihilfen zu zahlen.

Dementsprechend ist dem Landtag ein Gesetzentwurf vorgelegt, der voraussichtlich in den nächsten Tagen angenommen[1]) werden wird.

„§ 1. Der Finanzminister wird ermächtigt, an Orten mit besonders schwierigen wirtschaftlichen Verhältnissen, an welchen Reichsbeamte auf Grund des § 3 des Gesetzes, betreffend die Feststellung eines fünften Nachtrags zum Reichshaushaltsplan für das Rechnungsjahr 1921 widerrufliche Wirtschaftsbeihilfen erhalten, entsprechend widerrufliche Wirtschaftsbeihilfen mit Wirkung v. 1. Januar 1922 ab für die unmittelbaren Staatsbeamten und die Lehrpersonen festzusetzen.

§ 2. Die Wirtschaftsbeihilfen für die Lehrer und Lehrerinnen an den öffentlichen Volks- und mittleren Schulen werden aus der Landesschulkasse bzw. der Landesmittelschulkasse gezahlt; sie sind aber von den betreffenden Schulverbänden und den Unterhaltungsträgern öffentlicher mittlerer Schulen in sinngemäßer Anwendung des § 46 Ziffer 5 VDEG. und des § 20 Abs. 1 c MDG. als Vorausleistungen der Landesschulkasse und der Landesschulmittelschulkasse zu erstatten."

Die gleichen Wirtschaftsbeihilfen wie für unmittelbare Staatsbeamte und Lehrpersonen werden an allen in Frage kommenden Orten, ungeachtet eines mit den Angestelltenorganisationen noch zu treffenden förmlichen Abkommens, auch den vollbeschäftigten Angestellten gewährt.

II. Für die Gewährung der Wirtschaftsbeihilfe sind folgende Grundsätze maßgebend:

a) Die Wirtschaftsbeihilfe wird mit Wirkung v. 1. Januar 1922 ab gezahlt.

b) Als Orte mit besonders schwierigen wirtschaftlichen Verhältnissen sind die Orte anzusehen, an denen den Staatsarbeitern Überteuerungszuschüsse gewährt werden.

c) Die Wirtschaftsbeihilfe für die planmäßigen Beamten und Lehrpersonen sowie für die vollbeschäftigten volljährigen Angestellten vom 6. Vergütungsdienstjahr ab ist in diesen Orten ohne Unterschied der Ortsklasse gleichmäßig auf jährlich 250 ℳ für je 10 Pf. für die Stunde Überteuerungszuschuß der Arbeiter festzusetzen.

d) Maßgebend für die Gewährung der Wirtschaftsbeihilfe ist der Ort, nach dem der Ortszuschlag gewährt wird.

---

[1]) Der Entwurf ist inzwischen als „Gesetz über die Gewährung von Wirtschaftsbeihilfen an unmittelbare Staatsbeamte und Lehrpersonen vom 18. März 1922 (GS. S. 63)." mit obigem Wortlaut vom Landtag beschlossen und in der Gesetzsammlung verkündet.

Diese Bestimmung wird, wie folgt, erläutert:

(1) Bei Beamten und Lehrpersonen mit eigenem Hausstand, die versetzt sind und ihren Hausstand infolge äußerer Umstände (Wohnungsmangel, Hemmungen im Güterverkehr) an dem Orte, an den sie versetzt sind, nicht innerhalb eines Monats einrichten können, gilt für die Dauer der Fortführung des Hausstandes im bisherigen Wohnort dieser als dienstlicher Wohnsitz im Sinne der Ziffer 93 PBV.

(2) Ein „eigener Hausstand" ist dann anzunehmen, wenn der Beamte usw. eine Wohnung mit eigener oder selbst beschaffter Geräteausstattung und Kochgelegenheit besitzt (nicht etwa in einem „möblierten" Zimmer wohnt), in seiner Wohnung, die zum Lebensunterhalt notwendigen Speisen (wenigstens eine Hauptmahlzeit) durch einen Haushaltsgehilfen — auch Familienangehörigen — für eigene Rechnung herstellen läßt und für dessen Beköstigung auch während seiner Abwesenheit ganz oder teilweise aufzukommen hat.

(3) Als „versetzt" können auch solche Beamte behandelt werden, die in den Dienst der Behörde einer anderen Verwaltung — sei es in gleicher Eigenschaft, unter planmäßiger Anstellung oder unter Beförderung — endgültig übertreten.

(4) Der Grundsatz ist beim Vorliegen der Voraussetzung sinnentsprechend anzuwenden, wenn

a) Beamte erstmalig — auch auf Probe — angestellt,
b) Beamtenanwärter unter Gewährung von Vergütung zur Probedienstleistung oder Vorbereitung einberufen oder während derartiger Dienstleistungen einer anderen Behörde überwiesen,
c) Beamte des Reichs, der Länder, Gemeinden und anderer öffentlich-rechtlichen Körperschaften in den Staatsdienst übernommen

werden.

(5) Die planmäßigen Bezüge des versetzten Beamten sind aus den Mitteln der Stelle zu bestreiten, in die er versetzt wurde, und zwar das Grundgehalt in Höhe des neuen Stelleneinkommens, der Ortszuschlag zwar in der dem neuen Grundgehalt entsprechenden Höhe, aber nach der alten Ortsklasse (des beibehaltenen dienstlichen Wohnsitzes — bisherigen Wohnortes), der Ausgleichszuschlag zum Grundgehalt und zum Ortszuschlag nach der alten Ortsklasse.

(6) Diese Bestimmungen sind sowohl bei Versetzungen nach Orten, die einer niedrigeren Ortsklasse als der des bisherigen Wohnortes angehören, wie auch bei Versetzungen nach Orten einer höheren Ortsklasse anzuwenden, also gleichviel, ob die Bestimmungen im einzelnen Falle zugunsten oder zuungunsten des versetzten Beamten wirken.

(7) Für Angestellte gelten die entsprechenden Bestimmungen des nachgeprüften Teiltarifvertrages vom 4. Juni 1920 und des Manteltarifvertrages vom 6. November 1920.

(8) In Fällen, in denen den planmäßigen Beamten, Lehrpersonen und Angestellten der Ortszuschlag nicht voll gezahlt wird (vgl. z. B. Ziffer 88 PBV., ferner § 11 Abs. 3 Satz 1 des nachgeprüften Teiltarifvertrages vom 4. Juni 1920), ist auch die Wirtschaftsbeihilfe nur zu dem entsprechenden Teilbetrag zu gewähren.

e) Sollte ein in dem Ortsklassenverzeichnis v. 13. Januar 1922 (RGBl. S. 87) aufgeführter Ort nachträglich höher gestuft werden und infolgedessen der den Arbeitern an diesem Ort gewährte Überteuerungszuschuß gekürzt werden, so wird die Wirtschaftsbeihilfe entsprechend dem gekürzten Überteuerungszuschuß erneut festgesetzt.

f) Die Wirtschaftsbeihilfen sind den planmäßigen Beamten und Lehrpersonen sämtlicher Besoldungsgruppen und den Angestellten sämtlicher Vergütungsgruppen, letzteren vom 6. Vergütungsdienstjahre ab, in gleicher Höhe zu bewilligen.

g) Den nichtplanmäßigen Beamten und den ihnen gleichgestellten Personen sowie den vollbeschäftigten volljährigen Angestellten in den ersten fünf Vergütungsstufen jeder Vergütungsgruppe des nachgeprüften Tarifvertrages vom 4. Juni 1920 ist die Wirtschaftsbeihilfe nur mit den Hundertsätzen zu gewähren, die der Berechnung ihrer Bezüge zugrunde liegen. Daher erhalten z. B.:

(1) die nichtplanmäßigen Beamten — soweit sie Zivilanwärter sind —, die wissenschaftlichen Assistenten mit planmäßiger Vergütung an den wissenschaftlichen Hochschulen und die ihnen gleichgestellten Hilfskräfte der wissenschaftlichen Hochschulen, Anstalten und Institute, ferner die vollbeschäftigten volljährigen Angestellten in den ersten fünf Vergütungsstufen jeder Vergütungsgruppe des nachgeprüften Teiltarifvertrages vom 4. Juni 1920

im 1. und 2. Anwärter- bzw. Vergütungsdienstjahr je 95 v. H.,
im 3. Anwärter- bzw. Vergütungsdienstjahr je 98 v. H.,
im 4. und 5. Anwärter- bzw. Vergütungsdienstjahr je 100 v. H.

der Wirtschaftsbeihilfe,

(2) die nichtplanmäßigen Beamten — soweit sie Militäranwärter sind —

im 1. Anwärterdienstjahr . . . . 95 v. H.,
im 2. Anwärterdienstjahr . . . . 98 v. H.,
im 3. und 4. Anwärterdienstjahr . . . . . . je 100 v. H.

der Wirtschaftsbeihilfe,

(3) die auftragsweise vollbeschäftigten und die angestellten Volksschullehrpersonen, die eine anrechnungsfähige Dienstzeit von sieben Jahren noch nicht vollendet haben,

im 1. Dienstjahr . . . . 85 v. H.,
im 2. Dienstjahr . . . . 90 v. H.,
im 3. und 4. Dienstjahr . . . . je 95 v. H.,
im 5. Dienstjahr . . . . 98 v. H.,
im 6. und 7. Dienstjahr . . . . je 100 v. H.

der Wirtschaftsbeihilfe.

(4) die auftragsweise vollbeschäftigten und die einstweilig angestellten Lehrpersonen an öffentlichen mittleren Schulen sowie die an diesen Schulen endgültig angestellten Lehrpersonen, die eine anrechnungsfähige Dienstzeit von sieben Jahren noch nicht vollendet haben,

im 1. und 2. Dienstjahr . . . . je 95 v. H.,
im 3. Dienstjahr . . . . 98 v. H.,
vom 4. Dienstjahr ab . . . . 100 v. H.

der Wirtschaftsbeihilfe.

h) Weibliche Beamte, deren Stellen in der Besoldungsordnung mit einem † bezeichnet sind, Lehrerinnen und Anwärterinnen auf solche Stellen erhalten die Wirtschaftsbeihilfe um 10 v. H. gekürzt.

i) Jugendliche Angestellte erhalten

bis zum vollendeten 18. Lebensjahr	60 v. H.,
bis zum vollendeten 19. Lebensjahr	70 v. H.,
bis zum vollendeten 20. Lebensjahr	80 v. H.,
bis zum vollendeten 21. Lebensjahr	90 v. H.

der den vollbeschäftigten, volljährigen Angestellten der 6. Vergütungsstufe jeder Vergütungsgruppe zustehenden Wirtschaftsbeihilfe.

Die Wirtschaftsbeihilfe steht den Angestellten erst von Beginn des Monats an zu, in dem sie das 17. Lebensjahr vollenden; jüngere Angestellte erhalten keine Wirtschaftsbeihilfe.

k) Die bisherige Wirtschaftsbeihilfe, die in den besetzten Gebieten gewährt wird (Besatzungszulage), bleibt auch künftig bestehen.

l) Für die Berechnung derjenigen Beträge, die für die Benutzung der Dienstwohnungen oder für die Entnahme von Heizstoffen in Ansatz gebracht werden, bleibt die in diesem Erlaß erwähnte Wirtschaftsbeihilfe außer Betracht.

m) An Ruhegehaltsempfänger, nichtbeschäftigte Wartegeldempfänger und Hinterbliebene ist die Wirtschaftsbeihilfe nicht zu zahlen.

n) Die Nachzahlungen erstrecken sich auf die Angestellten, die am 14. Februar d. Js. (d. i. der Tag der Verständigung mit den Arbeitnehmervereinigungen) im Angestelltenverhältnis zu der preuß. Staatsverwaltung gestanden haben. Angestellte, die nach dem 14. Februar d. Js. ausgeschieden sind, erhalten die Nachzahlung auf Antrag. Für Angestellte, die in der Zeit vom 1. Januar 1922 bis 13. Februar 1922 durch Tod oder eingetretene Dienstunfähigkeit ausgeschieden sind, ist die Nachzahlung auf Antrag des Angestellten oder seiner Hinterbliebenen zulässig.

III. Die Orte, an denen den Arbeitern Überteuerungszuschüsse gezahlt werden, stehen noch nicht vollständig fest. Sobald diese Orte und die Höhe der einzelnen Überteuerungszuschüsse festgestellt worden sind, werden Verzeichnisse — nach Regierungsbezirken geordnet — jeweils unter Angabe des Jahresbetrages der vollen Wirtschaftsbeihilfe dorthin mitgeteilt werden.

In diesem Verzeichnis sind nicht immer die politischen Gemeinden, sondern zum Teil nur die im amtlichen Verkehr gebräuchlichen Bezeichnungen der Eisenbahndienststellen aufgeführt. Die bei den Eisenbahndienststellen angegebene Höhe der Wirtschaftsbeihilfe ist dann maßgebend für die politische Gemeinde, innerhalb der sie gelegen ist. Sind für eine politische Gemeinde mehrere Eisenbahndienststellen mit verschieden hohen Wirtschaftsbeihilfen aufgeführt, so ist für die Beamten und Angestellten die Wirtschaftsbeihilfe nach dem Durchschnitt der für diese Dienststellen geltenden Wirtschaftsbeihilfen zu berechnen.

Die Zahlung der fälligen Beträge ist dann sofort zu veranlassen. Soweit die Gehalts- usw. Zahlungen monatlich bzw. vierteljährlich, im voraus oder nachträglich, bargeldlos oder bar erfolgen, sind auch die Wirtschaftsbeihilfen in der gleichen Weise zu zahlen.

Die Wirtschaftsbeihilfen sind zu verrechnen:

a) bei den Beamten sowie den Lehrern und Lehrerinnen an öffentlichen Volks- und öffentlichen mittleren Schulen bei demselben Titel, bei dem der Ausgleichszuschlag verrechnet wird,

b) bei den Angestellten bei den Lohnfonds

Die Wirtschaftsbeihilfe (Besatzungszulage), die im besetzten Gebiet gezahlt wird, ist wie bisher zu verrechnen.

IV. Die vorstehende Regelung gilt auch für Lehrpersonen, deren Bezüge durch das Gewerbe- und Handelslehrerdiensteinkommensgesetz und durch das Gesetz über das Diensteinkommen der Leiter und Lehrer an nichtstaatlichen höheren Lehranstalten geregelt sind.

Für Beamte im Vorbereitungsdienst und für Arbeiter ergeht demnächst besondere Weisung.

Der Preußische Finanzminister

zugleich im Namen des Ministerpräsidenten und sämtlicher Staatsminister.

von Richter.

An alle nachgeordnete Behörden.

4. Vorläufige Ausführungsanweisung des Finanzministers zu den Gesetzen über Änderungen in der Beamtenbesoldung und in dem Diensteinkommen der Lehrer und Lehrerinnen an öffentlichen Volksschulen.

Vom 31 März 1922 — Bes 1111 — 1 D 1 1459

A. Neuregelung der Besoldungen der Beamten und Volksschullehrpersonen.

I.

1 Der Landtag hat die aus der Anlage ersichtlichen Gesetze[1]) beschlossen, durch welche mit Wirkung v 1 April 1922 ab die Besoldung der Beamten (Volksschullehrpersonen) wesentlich geändert wird

2. Die planmäßigen unmittelbaren Staatsbeamten und Volksschullehrpersonen werden danach künftig 1. Grundgehalt, 2 Ortszuschlag, 3. Ausgleichungszuschläge, 4. gegebenenfalls Kinderbeihilfen und Frauenbeihilfe erhalten

Der allgemeine Ausgleichszuschlag ist auf 30 v. H festgesetzt Der weitere Ausgleichungszuschlag (Sonderzuschlag) beträgt 30 v. H der ersten 10 000 M des Diensteinkommens (Grundgehalt und Ortszuschlag), d. h. in allen Besoldungsgruppen, auch in der Besoldungsgruppe 1, 3000 M jährlich.

3. Die nicht planmäßigen Beamten sowie die auftragsweise vollbeschäftigten, die einstweilig angestellten und diejenigen endgültig angestellten Volksschullehrpersonen, die eine anrechnungsfähige Dienstzeit von 7 Jahren noch nicht vollendet haben, erhalten a) Grundvergütungen, b) Ortszuschläge, die abweichend von der bisherigen Regelung künftig in Höhe desjenigen Betrages festgesetzt sind, der einem planmäßigen Beamten (Lehrperson) der Eingangsstufe der betreffenden Besoldungsgruppe als Ortszuschlag gewährt wird, c) einen allgemeinen Ausgleichs-

[1]) Oben unter A und B auf Seiten 8 ff und 19 ff abgedruckt

zuschlag in Höhe von 30 v. H. der Bezüge zu a und b, d) einen weiteren Ausgleichszuschlag (Sonderzuschlag) in Höhe von 30 v. H. der ersten 10000 ℳ der Bezüge zu a und b, d. h. bei den Stellenanwärtern aller Besoldungsgruppen von der Besoldungsgruppe 2 an, in Höhe von 3000 ℳ jährlich, e) Notzuschläge nach Maßgabe der in der Anlage wiedergegebenen Gesetze, f) gegebenenfalls Kinderbeihilfen und Frauenbeihilfen.

B e i s p i e l e (insbesondere für die Berechnung des Notzuschlages):

a) Ein unverheirateter Regierungsbürodiätar (Zivilanwärter der Besoldungsgruppe 7) erhält im 3. Anwärterdienstjahre

Grundvergütung	17000 ℳ,
30 v. H. Ausgleichszuschlag dazu	5100 „
30 v. H. weiterer Ausgleichszuschlag auf die ersten 10000 ℳ (Sonderzuschlag)	3000 „
insgesamt . .	25100 ℳ.

Ein planmäßiger Beamter der Besoldungsgruppe 7 erhält an Grundgehalt, Ausgleichszuschlag und weiterem Ausgleichszuschlag (20000 + 6000 + 3000 =) 29000 ℳ. Um 98 v. H. dieses Betrages (= 28420 ℳ) zu erreichen, muß der Zivilanwärter also einen Notzuschlag von 3320 ℳ erhalten.

Dazu tritt dann noch der jeweilig in Frage kommende Ortszuschlag und der darauf entfallende allgemeine Ausgleichszuschlag von 30 v. H.

b) Eine einstweilig angestellte Volksschullehrerin im 6. Dienstjahr erhält

Grundvergütung	17100 ℳ,
30 v. H. Ausgleichszuschlag dazu	5130 „
30 v. H. weiterer Ausgleichszuschlag auf die ersten 10000 ℳ (Sonderzuschlag)	3000 „
insgesamt . .	25230 ℳ.

Die endgültig angestellte Volksschullehrerin in der Eingangsstufe der Gruppe 7 erhält an Grundgehalt, Ausgleichszuschlag und weiterem Ausgleichszuschlag (18000 + 5400 + 3000 =) 26400 ℳ. Um diesen Betrag zu 100 v. H. zu erreichen, muß also der Notzuschlag 1170 ℳ betragen.

Dazu tritt dann wiederum der Ortszuschlag und der darauf entfallende allgemeine Ausgleichszuschlag von 30 v. H.

c) Ein unverheirateter Justizhilfswachtmeister (Militäranwärter der Besoldungsgruppe 2) erhält im ersten Anwärterdienstjahr

Grundvergütung	10800 ℳ,
30 v. H. Ausgleichszuschlag dazu	3240 „
30 v. H. weiterer Ausgleichszuschlag auf die ersten 10000 ℳ (Sonderzuschlag)	3000 „
insgesamt . .	17040 ℳ.

Der planmäßige Beamte der Besoldungsgruppe 2 erhält in der Eingangsstufe an Grundgehalt, Ausgleichszuschlag und weiterem Ausgleichszuschlag (13500 + 4050 + 3000 =) 20550 ℳ. Um diesen Betrag zu 95 v. H. (= 19522,50 ℳ) zu erreichen, muß der Notzuschlag 2482,50 ℳ betragen.

Dazu tritt auch hier der jeweilige Ortszuschlag und der darauf entfallende allgemeine Ausgleichszuschlag von 30 v. H.

4. Die Wirtschaftsbeihilfen auf Grund des Runderlasses Bes. 559/Lo. 520 v. 21. Febr. 1922*) und der dazu ergangenen Nachträge werden durch die Besoldungsneuregelung zunächst nicht berührt.

5. Ausgleichungszuschläge und Notzuschläge sind wie bisher an der Buchungsstelle „Ausgleichungszuschlag" bzw. „Ausgleichungs- und Notzuschlag" zu verrechnen.

II.

6. Die Sätze der Kinderbeihilfen erhöhen sich auf 200, 250 und 300 ℳ. Durch die Erhöhung des Allgemeinen Ausgleichszuschlags auf 30 v. H. erhöht sich auch der auf die Kinderbeihilfen entfallende Ausgleichszuschlag.

Die Jahresbeträge der Kinderbeihilfe einschl. des Ausgleichszuschlages stellen sich demnach künftig für Kinder bis zum vollendeten 6. Lebensjahre auf 3120 ℳ, vom vollendeten 6. bis zum vollendeten 14. Lebensjahr auf 3900 ℳ, vom vollendeten 14. bis zum vollendeten 21. Lebensjahre auf 4680 ℳ.

Im übrigen sind folgende Änderungen hinsichtlich der Gewährung von Kinderbeihilfen festgesetzt:

7. Bei Beendigung des Beamtenverhältnisses fällt die Kinderbeihilfe nicht erst mit dem Ablaufe des Kalendervierteljahres, sondern gleichzeitig mit dem Wegfall der sonstigen Bezüge fort.

8. Die Kinderbeihilfe für Stiefkinder wird nur gewährt, wenn das Kind in den Hausstand des Beamten aufgenommen ist. Das Wort „Hausstand" ist an Stelle der bisherigen Bezeichnung „Familiengemeinschaft" nur in Anlehnung an die Terminologie des Reiches gewählt. Eine materielle Änderung bringt diese Änderung nicht. Aufnahme in den Hausstand bedeutet nicht notwendige Aufnahme in die Wohnungsgemeinschaft. Wird das Stiefkind z. B. auf Veranlassung und Kosten des Beamten in einem Internat erzogen, so ist es ebenfalls als in den Hausstand des Beamten aufgenommen anzusehen.

9. Bezüglich der Kinderbeihilfen für Kinder vom vollendeten 14. bis zum vollendeten 21. Lebensjahre ist der anrechnungsfreie Betrag des eigenen Einkommens des Kindes von 1500 ℳ auf 4000 ℳ erhöht.

10. Außerdem ist als weitere Voraussetzung für die Gewährung der Kinderbeihilfen für Kinder vom 14. bis 21. Lebensjahr bestimmt, daß die Kinderbeihilfen nur zu zahlen sind, wenn das Kind sich in der Schulausbildung oder in der Ausbildung für einen künftig gegen Entgelt auszuübenden Lebensberuf befindet oder wenn es wegen körperlicher oder geistiger Gebrechen dauernd erwerbsunfähig ist. Das Vorliegen dieser neuen Voraussetzung für die Gewährung von Kinderbeihilfen über das 14. Lebensjahr hinaus ist von dem Beamten in der gleichen Weise darzulegen und auf Erfordern glaubhaft zu machen, wie dies für die bisherigen Voraussetzungen nach Ziff. 118 Abs. 1 und 2 PBV. vorgeschrieben war.

11. Die Voraussetzungen für die Gewährung von Kinderbeihilfen für uneheliche Kinder sind nur in den Fällen geändert, in denen die Gewährung an den Vater (bzw. auf Weisung des Vormundschaftsgerichts an Stelle des Vaters an eine andere Person) in Frage kommt.

---

*) Oben S. 39 ff. abgedruckt.

Die Kinderbeihilfe wird künftig nur zu zahlen sein: wenn die Vaterschaft festgestellt ist und wenn der Beamte das Kind in seinen Hausstand aufgenommen hat oder sonst nachweislich für den vollen Unterhalt des Kindes aufkommt.

Welche Nachweise für das Vorliegen der letztgenannten Voraussetzung als genügend zu erachten sind, bleibt den nachgeordneten Behörden überlassen. Die einseitige Angabe des Beamten genügt in diesem Falle nicht. Polizeiliche Bescheinigungen, Auskünfte des Vormundschaftsgerichts, eines Jugendamts, einer vertrauenswürdigen privaten Fürsorgeorganisation werden jedoch im allgemeinen ausreichen.

Die Vorschriften über die Gewährung der Kinderbeihilfen an die Beamtin als uneheliche Mutter bleiben unberührt.

12. Sämtliche Beamte (Volksschullehrpersonen), welche gegenwärtig Kinderbeihilfen erhalten, für die nach Ziff. 8 bis 11 neue Voraussetzungen geschaffen sind, sind unverzüglich aufzufordern, die erforderlichen Darlegungen zu machen, gegebenenfalls, insbesondere im Falle zu Ziff. 11, die notwendigen Nachweise beizubringen. Bleibt die Aufforderung erfolglos, so ist vom nächsten Zahlungstermin ab die Zahlung der Kinderbeihilfe einzustellen.

13. Im übrigen bleiben die bisherigen Vorschriften über die Kinderbeihilfen unberührt.

III.

14. Neu eingeführt ist eine Frauenbeihilfe. Sie beträgt einheitlich für alle männlichen planmäßigen und nichtplanmäßigen verheirateten Beamten und Volksschullehrpersonen 2500 ℳ jährlich. Sie ist in voller Höhe auch den verheirateten Kreisärzten und Kreistierärzten zahlbar, welche gekürzte Grundgehälter beziehen. Ebenso denjenigen Beamten, deren Diensteinkommen infolge Disziplinarurteils (§ 16 Verw.-Diszipl.-Ges.; § 15 Richt-Diszipl.-Ges.) gekürzt ist. Sie wird gewährt vom Beginn des Monats an, in dem die Voraussetzungen für ihre Gewährung (Heirat, Einstellung als Beamter usw.) eingetreten sind. Sie ist mit den sonstigen Dienstbezügen und in gleicher Weise wie diese zahlbar.

15. Sie fällt fort: a) bei Beendigung des Beamtenverhältnisses mit Wegfall der sonstigen Dienstbezüge, b) mit Ablauf des Kalendervierteljahres, in dem die sonstigen Voraussetzungen für ihre Gewährung wegfallen (rechtskräftige Scheidung der Ehe, Tod usw.).

16. Stirbt der Beamte, so ist als ein Teil der Gnadenbezüge auch der entsprechende auf das Gnadenvierteljahr entfallende Teilbetrag der Frauenbeihilfe zahlbar.

17. Die Frauenbeihilfe ist nur für unterhaltsberechtigte Ehefrauen zahlbar. Leben die Eheleute zusammen, so ist die Unterhaltsberechtigung der Ehefrau ohne weiteres als gegeben anzusehen. Leben die Eheleute getrennt, so ist die Frauenbeihilfe dem Beamten (Volksschullehrer) zu zahlen, soweit er der getrennt lebenden Ehefrau den Unterhalt gewährt oder mindestens in Höhe der Frauenbeihilfe einen Beitrag dazu leistet.

17a. Die Frauenbeihilfe ist ferner auch verwitweten männlichen Staatsbeamten (Volksschullehrern) zahlbar, welche im eigenen Hausstande (vgl. II 7 des Ersten Nachtrages zu den Ausführungsbestimmungen zum Beamtendiensteinkommensgesetz vom 8. Juli 1921 — Bes. 614 III 6

Nr 55/22 — Nr 6 des Finanzministerialblatts 1922 —) für den vollen Unterhalt von Kindern aufkommen, für welche sie nach § 17 des Gesetzes Kinderbeihilfen beziehen

18. Die Beamten (Volksschullehrpersonen) sind verpflichtet, die für den Bezug der Frauenbeihilfe maßgebenden Verhältnisse mitzuteilen und auf Erfordern glaubhaft zu machen Veränderungen in den für den Bezug maßgebenden Verhältnissen haben sie **sofort** anzuzeigen Auf diese Verpflichtung sind sie bei der erstmaligen Anweisung der Frauenbeihilfe hinzuweisen.

19 Für die erstmalige Durchführung sind sämtliche Beamten (Volksschullehrpersonen) einzeln aufzufordern, alsbald die für den Bezug der Frauenbeihilfe maßgebenden Verhältnisse mitzuteilen. Bis zu dieser Darlegung hat die Anweisung der Frauenbeihilfe zu unterbleiben

20. Die Frauenbeihilfe ist unter „Ausgleichszuschlag" bzw „Ausgleichs- und Notzuschlag" zu verrechnen.

IV.

21 Die am 1 April 1922 im Dienste befindlichen Beamten (Volksschullehrpersonen) werden mit ihrem bisherigen Besoldungs- und Anwärterdienstalter in die neuen Dienstbezüge eingewiesen

22. Ist ein Beamter in der Zeit v 2. Nov. 1921 bis 31 März 1922 in eine andere Besoldungsgruppe übergetreten, so werden der Berechnung des Besoldungsdienstalters in der neuen Gruppe mit Wirkung v 1 April 1922 ab die in diesem Gesetz festgelegten Grundgehaltssätze zugrunde gelegt

Beispiel:

2 Beamte stehen am 1. Jan 1922 in der fünften Grundgehaltsstufe der Besoldungsgruppe 6 (17 100) Am 1 März 1922 hat der ältere eine Stelle in der Besoldungsgruppe 7 erhalten, und zwar in der dritten Stufe (17 700). Der jüngere gelangt erst am 1. Mai 1922 in die Besoldungsgruppe 7, kommt hier aber nach den neuen Grundgehaltssätzen in die vierte Stufe Die obige Vorschrift bestimmt deshalb, daß auch das Besoldungsdienstalter des älteren Beamten mit Wirkung v. 1. April 1922 nach den neuen Grundgehältssätzen neu festzusetzen ist.

22 Für die Berechnung der Höchstsätze der Bezüge, welche den Beamten (Volksschullehrpersonen) für die Zuweisung einer Dienstwohnung in Anrechnung gebracht werden, bleiben der weitere Ausgleichszuschlag sowie die Frauenbeihife außer Betracht

23 Für die Anrechnung der Entschädigung für die Entnahme von Heizstoffen (Runderlaß F M. I 24666 v 13 Okt. 1920) sind v 1 April 1922 folgende Jahresbeiträge maßgebend:

Besoldungsgruppe	In Ortsklasse A	B	C	D	E
1	901,25	855,75	833,00	810,25	787,50
2	1040,03	985,43	958,13	930,83	903,53
3	1156,05	1092,35	1060,50	1028,65	996,80
4	1212,93	1149,23	1117,38	1085,53	1053,68

VI.

24. Nach Maßgabe der vorstehenden Bestimmungen sind die neuen Besoldungen, soweit fällig, alsbald zu zahlen.

25. Ist ein Beamter (Volksschullehrperson) vor dem 1. April 1922 gestorben und werden daraufhin Gnadenbezüge gewährt, so sind bei der Berechnung dieser Gnadenbezüge soweit Grundgehalt, Ortszuschlag, Ausgleichszuschlag, Sonderzuschlag in Frage kommen, lediglich — auch für die Zeit nach dem 1. April 1922 — die Bestimmungen zugrunde zu legen, die beim Tode des Beamten (Volksschullehrperson) Geltung hatten. Die Kinderbeihilfen sind jedoch v. 1. April 1922 ab mit dem erhöhten Ausgleichszuschlag zahlbar.

Beispiel:

Ein Justizobersekretär ist Ende März 1922 gestorben. Die Witwe erhält als Gnadenbezüge lediglich die Bezüge, die dem Beamten am Todestage zustanden. Etwaige Kinderbeihilfen erhält sie jedoch v. 1. April 1922 ab mit den erhöhten Beträgen mit dem auf 30 v. H. erhöhten Ausgleichungszuschlag.

VII.

26. Sind auf Grund der bisherigen Bestimmungen über Kinderbeihilfen vor Ausführung dieses Erlasses für die Monate April, Mai oder Juni d. J. Zahlungen von Kinderbeihilfen erfolgt oder angewiesen, die nach den vorstehenden Bestimmungen nicht mehr gerechtfertigt sind, so hat eine Anrechnung oder Zurückerstattung nicht zu erfolgen.

VIII.

27. Die vorstehenden Bestimmungen gelten entsprechend für die Leiter und Lehrer an nichtstaatlichen höheren Lehranstalten sowie für die Lehrpersonen an öffentlichen mittleren Schulen.

Wegen derjenigen Lehrpersonen, auf welche das Berufungsschullehrerdiensteinkommensgesetz Anwendung findet, wegen der Beamten mit Mindestgrundgehältern sowie wegen der Beamten im Vorbereitungsdienst und der zur Probedienstleistung einberufenen Militäranwärter ergeht besonderer Erlaß.

B. Neuregelung der Versorgungsbezüge der Beamten und Volksschullehrer im Ruhestande und der Hinterbliebenen solcher.

I.

28. Nach Art. II § 1 (Art. III) sind mit Wirkung v. 1. 4. 1922 ab die Bezüge der Ruhegehaltsempfänger, Wartegeldempfänger und Hinterbliebenen nach den Vorschriften des neuen Gesetzes neu zu regeln. Dabei findet das Beamten- (Volksschullehrer-) Altruhegehaltsgesetz v. 17. 12. 1920 (GS. 1921 S. 214 bzw. 1920 S. 655) mit der Maßgabe Anwendung, daß an Stelle des 1. 4. 1920 der 1. 4. 1922 tritt.

29. Für die Umrechnung sind die anliegenden, durch Musterbeispiele ausgefüllten Vordrucke[1]) zu verwenden.

30. Im übrigen gelten die Vorschriften der Ausführungsanweisung (betr. die Bezüge der Ruhegehaltsempfänger, Wartegeldempfänger und Hinterbliebenen nach dem Gesetz über eine Änderung der Dienst- und Versorgungsbezüge der unmittelbaren Staatsbeamten v. 24. 11. 1921 — GS. S. 553 —), v. 20. 12. 1921 — I. D. 1/3462 —[2]) sowie der Anweisung des Herrn Ministers für Wissenschaft, Kunst und Volksbildung für die durch die Abänderung des Volksschullehrerdiensteinkommensgesetzes v. 17. 12. 1920 und des Mittelschullehrerdiensteinkommensgesetzes v. 14. 1. 1921 erforderlich werdende Umrechnung der Versorgungsbezüge der Lehrer (Lehrerinnen) im Ruhestande und der Hinterbliebenen von Lehrern (Abänderungsgesetz v. 24. 11. 1921 — GS. S. 563 bzw. 566 —) v. 22. 2. 1922 — U. III. D. 98, A. III. — entsprechend.

Insbesondere gelten auch nach dem 1. 4. 1922 bezüglich der Wartegeldempfänger die Vorschriften unter Ziff. 5 der Ausführungsanweisung v. 20. 12. 1921 unverändert, da das neue Gesetz in Art. III eine dem Art. III des Gesetzes v. 24. 11. 1921 entsprechende Vorschrift enthält.

31. Wegen der Berechnung des Versorgungszuschlages der Ruhegehaltsempfänger, Wartegeldempfänger und Witwen wird auf die Ausführungsanweisung des Finanzministers v. 20. 2. 1922 — I. D. 1/718 —[3]) Bezug genommen, die unter Zugrundelegung der neuen Sätze des Ausgleichszuschlages entsprechend anzuwenden ist. Die Ausführungsanweisung gilt auch für Volksschullehrer im Ruhestande usw. (vgl. Runderlaß des Ministers für Wissenschaft, Kunst und Volksbildung v. 25. 3. 1922 — U. III. D. 622 —).

32. Vom 1. 4. 1922 ab sind nach Art. II § 2 (Art. IV b und c) des Gesetzes auch in Preußen in der gleichen Weise, wie dies bereits im Reiche galt, Witwengelder und jedes einzelne Waisengeld nach oben so abzurunden, daß bei der Teilung durch 3 sich volle Markbeträge ergeben. Ferner ist nach Art. IV a daselbst das Ruhegehalt der Volksschullehrer (-lehrerinnen) nicht wie bisher auf volle Markbeträge, sondern wie bei den übrigen Beamten auf volle Dreimarkbeträge abzurunden. — Diese Neuerungen sind in Zukunft zu beachten.

33. Wegen der Kinderbeihilfen gelten die für die aktiven Beamten und Lehrpersonen gegebenen Vorschriften bei den Versorgungsberechtigten entsprechend.

34. Die Frauenbeihilfe wird den verheirateten und verwitweten männlichen Wartegeld- und Ruhegehaltsempfängern als besonderer Versorgungszuschlag in derselben Höhe und nach denselben Grundsätzen wie den im Dienst befindlichen Staatsbeamten gewährt. Sofern Wartegeld- und Ruhegehaltsempfänger nicht vor Anweisung der neuen Bezüge die Voraussetzungen der Gewährung nach den Ziff. 17 bis 19 glaubhaft machen, ist die Frauenbeihilfe zunächst noch nicht anzuweisen und sind Wartegeld- und Ruhegehaltsempfänger bei der Benachrichtigung über

[1]) Hier nicht mit abgedruckt.

[2]) Im 2. Ergänzungsheft z. d. „Preuß. Besoldungsgesetzen" S. 31 ff. abgedruckt.

[3]) Oben Seite 34 ff. abgedruckt.

die Anweisung der neuen Bezüge aufzufordern, die für den Bezug der Frauenbeihilfe maßgebenden Verhältnisse glaubhaft zu machen. Die Frauenbeihilfe ist gegebenenfalls nachträglich anzuweisen. Es ist jedoch hierbei zu beachten, daß eine lediglich zur Erreichung der bisherigen Bezüge gewährte Erhöhung des Versorgungszuschlags sich um den Betrag der Frauenbeihilfe bei deren nachträglichen Anweisung vermindert.

35. Die Umrechnung der Versorgungsgebührnisse hat durch diejenigen Behörden zu erfolgen, die bisher für die Umrechnung nach dem BARG. bzw. VARG. zuständig waren. Wegen der Volksschullehrer im Ruhestande usw. vgl. hierzu den Runderlaß des Ministers für Wissenschaft, Kunst und Volksbildung v. 3. 12. 1921 — U. III. D. 2555 U. III. E.

II.

36. Darüber, daß die Umrechnung, Anweisung und Auszahlung der neuen Versorgungsbezüge der Ruhegehalts-, Wartegeldempfänger und Hinterbliebenen sich ungebührlich verzögert, sind immer wieder aus den Kreisen der Beteiligten und im Landtage lebhafte Klagen geführt worden. Es wird erwartet, daß die nachgeordneten Behörden sich der Umrechnung, Anweisung und Auszahlung der neuen Bezüge mit größter Beschleunigung und allem Nachdrucke annehmen. Zur Beschleunigung des Umrechnungsgeschäfts wird folgendes angeordnet:

a) Weniger eilbedürftige Sachen sind zurückzustellen und es ist dafür zu sorgen, daß zunächst die Versorgungsgebührnisse der Ruhestandsbeamten und Hinterbliebenen geregelt werden.

b) Geeignete Wartegeldempfänger und Ruhegehaltsempfänger, die in ihrem früheren Dienstverhältnisse mit den einschlägigen Arbeiten vertraut waren, sind vorübergehend zu diesen besonderen Arbeiten erforderlichenfalls einzuberufen. Gegebenenfalls sind zu diesem Zwecke die örtlichen Pensionärvereinigungen zu ersuchen, geeignete Kräfte zur Mitarbeit vorzuschlagen.

c) Für die Umrechnung der Ruhegehalts- und Hinterbliebenenbezüge der Volksschullehrpersonen sind nach Bedarf auch Volksschullehrpersonen, namentlich solche, die mit diesen Arbeiten vertraut sind, heranzuziehen, und zwar im Benehmen mit den Lehrerkammern.

d) Insoweit dies nicht bereits auf Grund des Runderlasses v. 2. 3. 1922 — I. D. 1/898 — innerhalb des Geschäftsbereichs des Finanzministers geschehen ist, sind bei der besonderen Wichtigkeit der Angelegenheit bei allen mit der Umrechnung von Versorgungsgebührnissen befaßten Dienststellen Referenten als Kommissare zu bestellen, denen die besondere Verantwortung für die schnelle und sachgemäße Erledigung der in Frage stehenden Arbeiten obliegt. Der Kommissar hat sich insbesondere fortlaufend über den Stand der Arbeiten zu unterrichten und geeignete Vorschläge für eine beschleunigte Erledigung zu machen.

e) Insbesondere ist sofort zu prüfen, ob sich die vorübergehende Einrichtung eines besonderen Pensionsbüros empfiehlt. Diesem würden die erforderlichen Beamten zu überweisen sein, die für alle Abteilungen — außer der Schulabteilung — die erhöhten Versorgungsgebührnisse für die Wartegeldempfänger, Ruhegehaltsempfänger und Hinterbliebenen zur Zahlung anzuweisen hätten. Dem Pensionsbüro wären die Entwürfe zu den auf Grund des Runderlasses v. 20. 12. 1921 — I. D. 1/3462 —

sowie des Runderlasses des Ministers für Wissenschaft, Kunst und Volksbildung v. 22. 2. 1922 — U. III. D. 98, A. III. — gefertigten Berechnungen zuzustellen. Das Pensionsbüro wäre ferner ausschließlich mit der Umrechnung der Versorgungsgebührnisse zu beschäftigen und erst aufzulösen, nachdem sämtliche Versorgungsgebührnisse umgerechnet worden sind.

Entsprechendes gilt für andere Dienststellen, bei denen Umrechnungen von Versorgungsgebührnissen in größerem Umfange vorzunehmen sind.

f) Die Reinschriften der Berechnungen sind nicht gesammelt, sondern möglichst täglich an die zahlenden Kassen abzusenden, damit bei diesen nicht durch Anhäufung der Anweisungen eine weitere Verzögerung in der Auszahlung der Gebührnisse eintritt.

g) Der für die Umrechnung der Versorgungsgebührnisse bestellte Kommissar hat auch die schleunige Erledigung der Zahlungsanweisungen durch die Kassen zu überwachen und geeignete Maßnahmen hierfür in Vorschlag zu bringen.

h) Das Kassenbüro der Regierung in Potsdam wird angewiesen, den Umrechnungsbehörden die Vordrucke für die Umrechnungen ohne besondere Anforderung in der gleichen Anzahl mit größter Beschleunigung zuzustellen, auf die die Anforderungen für die Umrechnung nach den Gesetzen v. 24. 11. 1921 lauteten.

Falls anfänglich Vordrucke in ausreichender Zahl noch nicht zur Verfügung stehen sollten, sind Teilsendungen an alle beteiligten Umrechnungsbehörden zu machen, damit das Umrechnungsgeschäft bei allen Dienststellen sofort in Angriff genommen werden kann.

i) Die Entsendung von Kommissaren zur Nachprüfung des Standes der Arbeiten und der getroffenen Maßnahmen an Ort und Stelle bleibt vorbehalten, ebenso die Anforderung von Berichten über den Stand des Umrechnungsgeschäfts.

Durch die nach vorstehenden Anordnungen notwendige Neuberechnung der Besoldungen, Versorgungs- und Hinterbliebenenbezüge darf eine etwa auf Grund früherer Gesetze noch im Gang befindliche Umrechnung von Ruhegehältern, Wartegeldern und Hinterbliebenenbezügen nicht gestört werden; diese bereits im Gang befindliche Umrechnung ist vielmehr mit besonderer Beschleunigung zu Ende zu führen.

Zugleich im Namen des Ministerpräsidenten und sämtlicher Staatsminister.

Der Finanzminister.

In Vertretung:

Weber.

An alle nachgeordneten Behörden.

II. a) Nachweisung über den Jahresbetrag des Ausgleichszuschlags (einschl. des Sonderzuschlags von 3000 Mk.) zum Grundgehalt nud zum Ortszuschlag.

Bei einem Grundgehalt von	In den Orten der Ortsklasse				
	A	B	C	D	E
ℳ	ℳ	ℳ	ℳ	ℳ	ℳ
11000	7260	7020	6900	6780	6660
11700	7470	7230	7110	6990	6870
12400	7680	7440	7320	7200	7080
13000	7860	7620	7500	7380	7260
13500	8010	7770	7650	7530	7410
13600	8040	7800	7680	7560	7440
14100	8190	7950	7830	7710	7590
14200	8220	7980	7860	7740	7620
14700	8370	8130	8010	7890	7770
14800	8400	8160	8040	7920	7800
15000	8700	8400	8250	8100	7950
15300	8790	8490	8340	8190	8040
15400	8820	8520	8370	8220	8070
15700	8910	8610	8460	8310	8160
15900	8970	8670	8520	8370	8220
16000	9000	8700	8550	8400	8250
16400	9120	8820	8670	8520	8370
16500	9150	8850	8700	8550	8400
16800	9480	9120	8940	8760	8580
17000	9540	9180	9000	8820	8640
17500	9690	9330	9150	8970	8790
17600	9720	9360	9180	9000	8820
18000	9840	9480	9300	9120	8940
18200	9900	9540	9360	9180	9000
18300	9930	9570	9390	9210	9030
18500	9990	9630	9450	9270	9090
18800	10080	9720	9540	9360	9180
19000	10140	9780	9600	9420	9240
19400	10260	9900	9720	9540	9360
19500	10290	9930	9750	9570	9390
19700	10350	9990	9810	9630	9450
19800	10380	10020	9840	9660	9480
20000	10680	10260	10050	9840	9630
20300	10770	10350	10140	9930	9720
20500	10830	10410	10200	9990	9780
20600	10860	10440	10230	10020	9810
20900	10950	10530	10320	10110	9900
21000	10980	10560	10350	10140	9930
21200	11040	10620	10410	10200	9990
21300	11070	10650	10440	10230	10020
21500	11130	10710	10500	10290	10080
21800	11220	10800	10590	10380	10170

Bei einem Grundgehalt von	In den Orten der Ortsklasse				
	A	B	C	D	E
ℳ	ℳ	ℳ	ℳ	ℳ	ℳ
22000	11520	11040	10800	10560	10320
22100	11550	11070	10830	10590	10350
22400	11640	11160	10920	10680	10440
22900	11790	11310	11070	10830	10590
23000	11820	11340	11100	10860	10620
23500	11970	11490	11250	11010	10770
23600	12000	11520	11280	11040	10800
24000	12120	11640	11400	11160	10920
24300	12210	11730	11490	11250	11010
25000	12420	11940	11700	11460	11220
26000	12720	12240	12000	11760	11520
26200	12780	12300	12060	11820	11580
26600	12900	12420	12180	11940	11700
27000	13020	12540	12300	12060	11820
27400	13140	11660	12420	12180	12940
28000	13560	13020	12750	12480	12210
28200	13620	13080	12810	12540	12270
28600	13740	13200	12930	12660	12390
29800	14100	13560	13290	13020	12750
30000	14160	13620	13350	13080	12810
31000	14460	13920	13650	13380	13110
31400	14580	14040	13770	13500	13230
32000	14760	14220	13950	13680	13410
33000	15060	14520	14250	13980	13710
34000	15360	14820	14550	14280	14010
34500	15510	14970	14700	14430	14160
36000	15960	15420	15150	14880	14610
37000	16260	15720	15450	15180	14910
38000	16560	16020	15750	15480	15210
39500	17010	16470	16200	15930	15660
40000	17160	16620	16350	16080	15810
42000	18000	17400	17100	16800	16500
44000	18600	18000	17700	17400	17100
46000	19200	18600	18300	18000	17700
48000	19800	19200	18900	18600	18300
51000	20700	20100	19800	19500	19200
53000	21300	20700	20400	20100	19800
54000	21600	21000	20700	20400	20100
57000	22500	21900	21600	21300	21000
60000	23400	22800	22500	22200	21900
67000	25500	24900	24600	24300	24000
74000	27600	27000	26700	26400	26100
80000	29400	28800	28500	28200	27900
90000	32400	31800	31500	31200	30900
105000	36900	36300	36000	35700	35400
140000	47400	46800	46500	46200	45900
180000	59400	58800	58500	58200	57900

b) Nachweisung

des vom 1. April 1922 an für eine Dienstwohnung anzurechnenden Höchstbetrages.

Die Höchstgrenze des für eine Dienstwohnung anzurechnenden Betrags beträgt:

für Beamte der Besoldungsgruppe	in den Orten der Ortsklasse				
	A ℳ	B ℳ	C ℳ	D ℳ	E ℳ
1	1200	900	750	600	450
2	1440	1080	900	720	540
3 und 4	1680	1260	1050	840	630
5	1920	1440	1200	960	720
6	2560	1920	1600	1280	960
7 bis 9	2880	2160	1800	1440	1080
10 bis 13 und Einzelgehälter	4000	3000	2500	2000	1500

Zu allen Beträgen tritt noch der Ausgleichszuschlag hinzu.

III. Tafeln über Ruhegehalt, Witwengeld und Versorgungszuschlag.

(Aufgestellt von Oberfinanzrat Cuteneuer, Preuß. Finanzministerium.)

Vorbemerkungen:

1. Das Ruhegehalt beträgt, wenn der Beamte nach vollendetem 10., jedoch vor vollendetem 11. Dienstjahre in den Ruhestand versetzt wird, $^{20}/_{60}$, und steigt mit jedem weiter zurückgelegten Dienstjahre bis zum vollendeten 30. Dienstjahre um $^{1}/_{60}$ und von da bis zum vollendeten 40. Dienstjahre um $^{1}/_{120}$ des ruhegehaltsfähigen Diensteinkommens. In den Tafeln ist berücksichtigt: Grundgehalt und ruhegehaltsfähiger Teil des Ortszuschlags. Für sonstige, in der Besoldungsordnung oder im Haushaltsplan ausdrücklich als ruhegehaltsfähig bezeichnete Beträge und Nebenbezüge ist nachstehend das auf „eine Mark" entfallende Ruhegehalt angegeben:

		ℳ
$^{20}/_{60}$	=	0,333 333
$^{21}/_{60}$	=	0,350 000
$^{22}/_{60}$	=	0,366 667
$^{23}/_{60}$	=	0,383 333
$^{24}/_{60}$	—	0,400 000
$^{75}/_{60}$	=	0,416 667
$^{26}/_{60}$	=	0,433 333
$^{27}/_{60}$	=	0,450 000
$^{28}/_{60}$	=	0,466 667
$^{29}/_{60}$	=	0,483 333
$^{30}/_{60}$	=	0,500 000

		ℳ
$^{31}/_{60}$	=	0,516 667
$^{32}/_{60}$	=	0,533 333
$^{33}/_{60}$	=	0,550 000
$^{34}/_{60}$	=	0,566 667
$^{35}/_{60}$	=	0,583 333
$^{36}/_{60}$	=	0,600 000
$^{37}/_{60}$	=	0,616 667
$^{38}/_{60}$	=	0,633 333
$^{39}/_{60}$	=	0,650 000
$^{40}/_{60}$	=	0,666 667

		ℳ
$^{81}/_{120}$	=	0,675 000
$^{82}/_{120}$	=	0,683 333
$^{83}/_{120}$	=	0,691 667
$^{84}/_{120}$	=	0,700 000
$^{85}/_{120}$	=	0,708 333
$^{86}/_{120}$	=	0,716 667
$^{87}/_{120}$	=	0,725 000
$^{88}/_{120}$	=	0,733 333
$^{89}/_{120}$	=	0,741 667
$^{90}/_{120}$	=	0,750 000

Über $^{90}/_{120}$ findet eine Steigerung nicht statt.

2. Der Jahresbetrag des Ruhegehalts, des Witwengeldes und jedes einzelnen Waisengeldes wird nach oben so abgerundet, daß bei der Teilung durch 3 sich volle Markbeträge ergeben.

3. Das Witwengeld beträgt 40 v. H. desjenigen Ruhegehalts, zu welchem der Verstorbene berechtigt ist oder berechtigt gewesen sein würde, wenn er am Todestage in den Ruhestand versetzt worden wäre, jedoch mindestens 3000 ℳ und höchstens 28000 ℳ.

4. Das Waisengeld beträgt:

a) für Kinder, deren leibliche Mutter lebt und z. Zt. des Todes des Beamten zum Bezuge von Witwengeld berechtigt war (Halbwaisen), $^{1}/_{5}$ des Witwengeldes für jedes Kind,

b) für Kinder, deren leibliche Mutter nicht mehr lebt oder zur Zeit des Todes des Beamten zum Bezuge von Witwengeld nicht berechtigt war (z. B. wenn die Ehe mit dem Beamten bei dessen Ableben geschieden war — Vollwaise —), 1/3 des Witwengeldes für jedes Kind.

5. Witwen- und Waisengeld dürfen weder einzeln noch zusammen den Betrag des Ruhegehalts übersteigen, zu welchem der Verstorbene berechtigt gewesen ist oder berechtigt gewesen sein würde, wenn er am Todestage in den Ruhestand versetzt worden wäre. Bei Anwendung dieser Beschränkung werden das Witwen- und Waisengeld verhältnismäßig gekürzt.

Beispiel: Das Ruhegehalt eines Beamten mit 40 Dienstjahren und einem Grundgehalt von 24000 ℳ und 4160 ℳ durchschnittlichem Ortszuschlag beträgt 21120 ℳ.

Beim Vorhandensein einer Witwe und von 3 Halb- und 3 Vollwaisen würden zu gewähren sein:

Witwengeld 40 v. H. von 21120 ℳ = ...	8448,— ℳ
Waisengeld 1/5 von 8448 ℳ = 1689,60 ℳ, aufgerundet 1692×3 =	5076,— ℳ
Waisengeld 1/3 von 8448 ℳ = 2816 ℳ, aufgerundet 2817×3 =	8451,— ℳ
zusammen:	21975,— ℳ.

Da jedoch der Ruhegehaltsbetrag von 21120 ℳ nicht überschritten werden darf, so können nur gewährt werden:

Witwengeld $\frac{8448 \times 21120}{21975}$ = ...	8119,31 ℳ
Waisengeld $\frac{5076 \times 21120}{21975}$ = ...	4878,50 ℳ
Waisengeld $\frac{8451 \times 21120}{21975}$ = ...	8122,19 ℳ
zusammen:	21120,— ℳ.

Daneben erhält die Witwe als Versorgungszuschlag zum Witwengeld — bei 30 v. H. Ausgleichzuschlag und bei 30 v. H. weiterem Ausgleichszuschlag — Sonderzuschlag — der ersten 10000 ℳ des Diensteinkommens ½ × (30/100 von 24000 und 4160 = 28160 = 8448 und 3000 =) 11448 = 5724 ℳ und die Kinderbeihilfe samt Ausgleichszuschlag.

Bei dem Ausscheiden eines Witwen- und Waisengeldberechtigten erhöht sich das Witwen- oder Waisengeld der verbleibenden Berechtigten von dem nächstfolgenden Monat an insoweit, als sie sich noch nicht in dem vollen Genuß der ihnen gebührenden Beträge befinden.

Hat sich der Ruhegehaltsempfänger erst nach seiner Versetzung in den Ruhestand verheiratet oder wiederverheiratet, so erhält seine Witwe kein Witwengeld, auch haben die Kinder aus einer solchen Ehe keinen Anspruch auf Waisengeld und keinen Anspruch auf Kinderbeihilfe.

6. Zum Ruhegehalt und zum Witwengeld wird ein Versorgungszuschlag gewährt; dieser entspricht in der Regel:

a) bei Ruhegehaltsempfängern demselben Hundertteil vom Ruhegehalt, der als Ausgleichszuschlag und als Sonderzuschlag zum Grundgehalt oder zur Grundvergütung und zum Ortszuschlag gewährt wird, mindestens aber der Hälfte des Betrages, der als Ausgleichszuschlag und Sonderzuschlag auf das zuletzt bezogene ruhegehaltsfähige Diensteinkommen, soweit es aus Grundgehalt oder Grundvergütung und Ortszuschlagsdurchschnitt bestand, entfallen würde,

b) bei Witwen: der Hälfte des Betrages, der als Ausgleichszuschlag und Sonderzuschlag auf das zuletzt bezogene ruhegehaltsfähige Diensteinkommen, soweit es aus Grundgehalt oder Grundvergütung und Ortszuschlagsdurchschnitt bestand, entfallen würde.

Für die Dauer der Geltung des Gesetzes vom 19. April 1922(GS. S. 83) über Änderungen in der Beamtenbesoldung beträgt der Ausgleichszuschlag zum Grundgehalt, zur Grundvergütung und zum Ortszuschlag 30 v. H., und der Sonderzuschlag für die ersten 10 000 ℳ des ruhegehaltsfähigen Diensteinkommens 3000 ℳ. In den nachfolgenden Tafeln ist der Jahresbetrag des Versorgungszuschlags zum Ruhegehalt und zum Witwengeld bei einem Ausgleichszuschlag von 30 v. H. vom ruhegehaltsfähigen Diensteinkommen (einschließlich des Sonderzuschlags von 3000 ℳ), den die Ruhegehaltsempfänger neben dem Ruhegehalt und die Witwen neben dem Witwengeld zu beziehen haben, im einzelnen angegeben.

Der Höchstbetrag, der beim Vorliegen besonderer Umstände an Versorgungszuschlag gewährt werden kann, beträgt das Doppelte des Betrages, der für eine Witwe zuständig ist.

Beispiel: Ein Ruhegehaltsempfänger, dessen Ruhegehalt von einem Grundgehalt von 24 000 ℳ und 4160 ℳ Ortszuschlagsdurchschnitt und einer ruhegehaltsfähigen Dienstzeit von 40 Jahren auf 21 120 ℳ berechnet ist, erhält hierzu einen Versorgungszuschlag von ($21\,120 \times {}^{30}/_{100} = 6336 + 3000 =$) 9336 ℳ.

Der Höchstbetrag, der beim Vorliegen besonderer Umstände an Versorgungszuschlag gewährt werden kann, beträgt $2 \times 5724 = 11\,448$ ℳ (nämlich: 30 v. H. von 24 000 und 4160 = 28 160 = 8448 und 3000 ℳ, zusammen 11 448 ℳ).

7. Endlich erhalten die Ruhegehaltsempfänger für ihre unterhaltsberechtigte Ehefrau, und die verwitweten Ruhegehaltsempfänger, die im eigenen Haushalt für den vollen Unterhalt von Kindern aufkommen, für welche sie Kinderbeihilfen beziehen, eine Frauenbeihilfe von 2500 ℳ. Die Ruhegehaltsempfänger sind verpflichtet, die für den Bezug der Frauenbeihilfe maßgebenden Verhältnisse mitzuteilen und auf Erfordern glaubhaft zu machen. Veränderungen in den für den Bezug maßgebenden Verhältnissen haben sie sofort anzuzeigen.

Volle Dienstjahre	Jahresbetrag des Ruhegehalts und des Witwengeldes bei einem Grundgehalt (und einem ruhegehaltsfähigen Ortszuschlag) von M.							
	11000		(2080)		11 700		(2080)	
	Ruhegehalt		Witwengeld		Ruhegehalt		Witwengeld	
	genau	rund	genau	rund	genau	rund	genau	rund
	M	M	M	M	M	M	M	M
10 = 20/60	4360	4362	3000,—	3000	4593,33	4596	3000,—	3000
11 = 21/60	4578	4578	3000,—	3000	4823,—	4824	3000,—	3000
12 = 22/60	4796	4797	3000,—	3000	5052,67	5055	3000,—	3000
13 = 23/60	5014	5016	3000,—	3000	5282,33	5283	3000,—	3000
14 = 24/60	5232	5232	3000,—	3000	5512,—	5514	3000,—	3000
15 = 25/60	5450	5451	3000,—	3000	5741,67	5742	3000,—	3000
16 = 26/60	5668	5670	3000,—	3000	5971,33	5973	3000,—	3000
17 = 27/60	5886	5886	3000,—	3000	6201,—	6201	3000,—	3000
18 = 28/60	6104	6105	3000,—	3000	6430,67	6432	3000,—	3000
19 = 29/60	6322	6324	3000,—	3000	6660,33	6663	3000,—	3000
20 = 30/60	6540	6540	3000,—	3000	6890,—	6891	3000,—	3000
21 = 31/60	6758	6759	3000,—	3000	7119,67	7122	3000,—	3000
22 = 32/60	6976	6978	3000,—	3000	7349,33	7350	3000,—	3000
23 = 33/60	7194	7194	3000,—	3000	7579,—	7581	3032,40	3033
24 = 34/60	7412	7413	3000,—	3000	7808,67	7809	3123,60	3126
25 = 35/60	7630	7632	3052,80	3054	8038,33	8040	3216,—	3216
26 = 36/60	7848	7848	3139,20	3141	8268,—	8268	3307,20	3309
27 = 37/60	8066	8067	3226,80	3228	8497,67	8499	3399,60	3402
28 = 38/60	8284	8286	3314,40	3315	8727,33	8730	3492,—	3492
29 = 39/60	8502	8502	3400,80	3402	8957,—	8958	3583,20	3585
30 = 40/60	8720	8721	3488,40	3489	9186,67	9189	3675,60	3678
31 = 81/120	8829	8829	3531,60	3534	9301,50	9303	3721,20	3723
32 = 82/120	8938	8940	3576,—	3576	9416,33	9417	3766,80	3768
33 = 83/120	9047	9048	3619,20	3621	9531,17	9534	3813,60	3816
34 = 84/120	9156	9156	3662,40	3663	9646,—	9648	3859,20	3861
35 = 85/120	9265	9267	3706,80	3708	9760,83	9762	3904,80	3906
36 = 86/120	9374	9375	3750,—	3750	9875,67	9876	3950,40	3951
37 = 87/120	9483	9483	3793,20	3795	9990,50	9993	3997,20	3999
38 = 88/120	9592	9594	3837,60	3840	10105,33	10107	4042,80	4044
39 = 89/120	9701	9702	3880,80	3882	10220,17	10221	4088,40	4089
40 = 90/120	9810	9810	3924,—	3924	10335,—	10335	4134,—	4134

Volle Dienstjahre	Jahresbetrag des Ruhegehalts und des Witwengeldes bei einem Grundgehalt (und einem ruhegehaltsfähigen Ortszuschlag) von .... ℳ.							
	12 400		(2080)		13 000		(2080)	
	Ruhegehalt		Witwengeld		Ruhegehalt		Witwengeld	
	genau	rund	genau	rund	genau	rund	genau	rund
	ℳ	ℳ	ℳ	ℳ	ℳ	ℳ	ℳ	ℳ
10 = 20/60	4826,67	4827	3000,—	3000	5026,67	5028	3000,—	3000
11 = 21/60	5068,—	5070	3000,—	3000	5278,—	5280	3000,—	3000
12 = 22/60	5309,33	5310	3000,—	3000	5529,33	5532	3000,—	3000
13 = 23/60	5550,67	5553	3000,—	3000	5780,67	5781	3000,—	3000
14 = 24/60	5792,—	5793	3000,—	3000	6032,—	6033	3000,—	3000
15 = 25/60	6033,33	6036	3000,—	3000	6283,33	6285	3000,—	3000
16 = 26/60	6274,67	6276	3000,—	3000	6534,67	6537	3000,—	3000
17 = 27/60	6516,—	6516	3000,—	3000	6786,—	6786	3000,—	3000
18 = 28/60	6757,13	6759	3000,—	3000	7037,33	7038	3000,—	3000
19 = 29/60	6998,67	6999	3000,—	3000	7288,67	7290	3000,—	3000
20 = 30/60	7240,—	7242	3000,—	3000	7540,—	7542	3016,80	3018
21 = 31/60	7481,33	7482	3000,—	3000	7791,33	7794	3117,60	3120
22 = 32/60	7722,67	7725	3090,—	3090	8042,67	8043	3217,20	3219
23 = 33/60	7964,—	7965	3186,—	3186	8294,—	8295	3318,—	3318
24 = 34/60	8205,33	8208	3283,20	3285	8545,33	8547	3418,80	3420
25 = 35/60	8446,67	8448	3379,20	3381	8796,67	8799	3519,60	3522
26 = 36/60	8688,—	8688	3475,20	3477	9048,—	9048	3619,20	3621
27 = 37/60	8929,33	8931	3572,40	3573	9299,34	9300	3720,—	3720
28 = 38/60	9170,67	9171	3668,40	3669	9550,67	9552	3820,80	3822
29 = 39/60	9412,—	9414	3765,60	3768	9802,—	9804	3921,60	3924
30 = 40/60	9653,33	9654	3861,60	3864	10053,33	10056	4022,40	4023
31 = 81/120	9774,—	9774	3909,60	3912	10179,—	10179	4071,60	4074
32 = 82/120	9894,67	9897	3958,80	3960	10304,67	10305	4122,—	4122
33 = 83/120	10015,33	10017	4006,80	4008	10430,33	10431	4172,40	4173
34 = 84/120	10136,—	10137	4054,80	4056	10556,—	10557	4222,80	4224
35 = 85/120	10256,67	10257	4102,80	4104	10681,67	10683	4273,20	4275
36 = 86/120	10377,33	10380	4152,—	4152	10807,33	10809	4323,60	4326
37 = 87/120	10498,—	10500	4200,—	4200	10933,—	10935	4374,—	4374
38 = 88/120	10618,67	10620	4248,—	4248	11058,67	11061	4424,40	4425
39 = 89/120	10739,33	10740	4296,—	4296	11184,33	11187	4474,80	4476
40 = 90/120	10860,—	10860	4344,—	4344	11310,—	11310	4524,—	4524

Volle Dienstjahre	Jahresbetrag des Ruhegehalts und des Witwengeldes bei einem Grundgehalt (und einem ruhegehaltsfähigen Ortszuschlag) von ....ℳ.							
	13 500		(2080)		13 600		(2080)	
	Ruhegehalt		Witwengeld		Ruhegehalt		Witwengeld	
	genau	rund	genau	rund	genau	rund	genau	rund
	ℳ	ℳ	ℳ	ℳ	ℳ	ℳ	ℳ	ℳ
10 = 20/60	5193,33	5196	3000,—	3000	5226,67	5229	3000,—	3000
11 = 21/60	5453,—	5454	3000,—	3000	5488,—	5490	3000,—	3000
12 = 22/60	5712,67	5715	3000,—	3000	5749,33	5751	3000,—	3000
13 = 23/60	5972,33	5973	3000,—	3000	6010,67	6012	3000,—	3000
14 = 24/60	6232,—	6234	3000,—	3000	6272,—	6273	3000,—	3000
15 = 25/60	6491,67	6492	3000,—	3000	6533,33	6534	3000,—	3000
16 = 26/60	6751,33	6753	3000,—	3000	6794,67	6795	3000,—	3000
17 = 27/60	7011,—	7011	3000,—	3000	7056,—	7056	3000,—	3000
18 = 28/60	7270,67	7272	3000,—	3000	7317,33	7320	3000,—	3000
19 = 29/60	7530,33	7533	3013,20	3015	7578,67	7581	3032,40	3033
20 = 30/60	7790,—	7791	3116,40	3117	7840,—	7842	3136,80	3138
21 = 31/60	8049,67	8052	3220,80	3222	8101,33	8103	3241,20	3243
22 = 32/60	8309,33	8310	3324,—	3324	8362,67	8364	3345,60	3348
23 = 33/60	8569,—	8571	3428,40	3429	8624,—	8625	3450,—	3450
24 = 34/60	8828,67	8829	3531,60	3534	8885,33	8886	3554,40	3555
25 = 35/60	9088,33	9090	3636,—	3636	9146,67	9147	3658,80	3660
26 = 36/60	9348,—	9348	3739,20	3741	9408,—	9408	3763,20	3765
27 = 37/60	9607,67	9609	3843,60	3846	9669,33	9672	3868,80	3870
28 = 38/60	9867,33	9870	3948,—	3948	9930,67	9933	3973,20	3975
29 = 39/60	10127,—	10128	4051,20	4053	10192,—	10194	4077,60	4080
30 = 40/60	10386,67	10389	4155,60	4158	10453,33	10455	4182,—	4182
31 = 81/120	10516,50	10518	4207,20	4209	10584,—	10584	4233,60	4236
32 = 82/120	10646,33	10647	4258,80	4260	10714,67	10716	4286,40	4287
33 = 83/120	10776,17	10779	4311,60	4314	10845,33	10848	4339,20	4341
34 = 84/120	10906,—	10908	4363,20	4365	10976,—	10977	4390,80	4392
35 = 85/120	11035,83	11037	4414,80	4416	11106,67	11109	4443,60	4446
36 = 86/120	11165,67	11166	4466,40	4467	11237,33	11238	4495,20	4497
37 = 87/120	11295,50	11298	4519,20	4521	11368,—	11370	4548,—	4548
38 = 88/120	11425,33	11427	4570,80	4572	11498,67	11499	4599,60	4602
39 = 89/120	11555,17	11556	4622,40	4623	11629,33	11631	4652,40	4653
40 = 90/120	11685,—	11685	4674,—	4674	11760,—	11760	4764,—	4704

Volle Dienstjahre	Jahresbetrag des Ruhegehalts und des Witwengeldes bei einem Grundgehalt (und einem ruhegehaltsfähigen Ortszuschlag) von .... ℳ.							
	14 100		(2080)		14 200		(2080)	
	Ruhegehalt		Witwengeld		Ruhegehalt		Witwengeld	
	genau	rund	genau	rund	genau	rund	genau	rund
	ℳ	ℳ	ℳ	ℳ	ℳ	ℳ	ℳ	ℳ
10=20/60	5393,33	5394	3000,—	3000	5426,67	5427	3000,—	3000
11=21/60	5663,—	5664	3000,—	3000	5698,—	5700	3000,—	3000
12=22/60	5932,67	5934	3000,—	3000	5969,33	5970	3000,—	3000
13=23/60	6202,33	6204	3000,—	3000	6240,67	6243	3000,—	3000
14=24/60	6472,—	6474	3000,—	3000	6512,—	6513	3000,—	3000
15=25/60	6741,67	6744	3000,—	3000	6783,33	6786	3000,—	3000
16=26/60	7011,33	7014	3000,—	3000	7054,67	7056	3000,—	3000
17=27/60	7281,—	7281	3000,—	3000	7326,—	7326	3000,—	3000
18=28/60	7550,67	7551	3020,40	3021	7597,33	7599	3039,60	3042
19=29/60	7820,33	7821	3128,40	3129	7868,67	7869	3147,60	3150
20=30/60	8090,—	8091	3236,40	3237	8140,—	8142	3256,80	3258
21=31/60	8359,67	8361	3344,40	3345	8411,33	8412	3364,80	3366
22=32/60	8629,33	8631	3452,40	3453	8682,67	8685	3474,—	3474
23=33/60	8899,—	8901	3560,40	3561	8954,—	8955	3582,—	3582
24=34/60	9168,67	9171	3668,40	3669	9225,33	9228	3691,20	3693
25=35/60	9438,33	9441	3776,40	3777	9496,67	9498	3799,20	3801
26=36/60	9708,—	9708	3883,20	3885	9768,—	9768	3907,20	3909
27=37/60	9977,67	9978	3991,20	3993	10039,33	10041	4016,40	4017
28=38/60	10247,33	10248	4099,20	4101	10310,67	10311	4124,40	4125
29=39/60	10517,—	10518	4207,20	4209	10582,—	10584	4233,60	4236
30=40/60	10786,67	10788	4315,20	4317	10853,33	10854	4341,60	4344
31=81/120	10921,50	10923	4369,20	4371	10989,—	10989	4395,60	4398
32=82/120	11056,33	11058	4423,20	4425	11124,67	11127	4450,80	4452
33=83/120	11191,17	11193	4477,20	4479	11260,33	11262	4504,80	4506
34=84/120	11326,—	11328	4531,20	4533	11396,—	11397	4558,80	4560
35=85/120	11460,83	11463	4585,20	4587	11531,67	11532	4612,80	4614
36=86/120	11595,67	11598	4639,20	4641	11667,33	11670	4668,—	4668
37=87/120	11730,50	11733	4693,20	4695	11803,—	11805	4722,—	4722
38=88/120	11865,33	11868	4747,20	4749	11938,67	11940	4776,—	4776
39=89/120	12000,17	12003	4801,20	4803	12074,33	12075	4830,—	4830
40=90/120	12135,—	12135	4854,—	4854	12210,—	12210	4884,—	4884

Volle Dienstjahre	Jahresbetrag des Ruhegehalts und des Witwengeldes bei einem Grundgehalt (und einem ruhegehaltsfähigen Ortszuschlag) von ....ℳ.							
	14 700	(2080)			14 800	(2080)		
	Ruhegehalt		Witwengeld		Ruhegehalt		Witwengeld	
	genau	rund	genau	rund	genau	rund	genau	rund
	ℳ	ℳ	ℳ	ℳ	ℳ	ℳ	ℳ	ℳ
10 = 20/60	5593,33	5595	3000,—	3000	5626,67	5628	3000,—	3000
11 = 21/60	5863,—	5874	3000,—	3000	5908,—	5910	3000,—	3000
12 = 22/60	6152,67	6153	3000,—	3000	6189,33	6192	3000,—	3000
13 = 23/60	6432,33	6435	3000,—	3000	6470,67	6471	3000,—	3000
14 = 24/60	6712,—	6714	3000,—	3000	6752,—	6753	3000,—	3000
15 = 25/60	6991,67	6993	3000,—	3000	7033,33	7035	3000,—	3000
16 = 26/60	7271,33	7272	3000,—	3000	7314,67	7317	3000,—	3000
17 = 27/60	7551,—	7551	3020,40	3021	7596,—	7596	3038,40	3039
18 = 28/60	7830,67	7833	3133,20	3135	7877,33	7878	3151,20	3153
19 = 29/60	8110,33	8112	3244,80	3246	8158,67	8160	3264,—	3264
20 = 30/60	8390,—	8391	3356,40	3357	8440,—	8442	3376,80	3378
21 = 31/60	8669,67	8670	3468,—	3468	8721,33	8724	3489,60	3492
22 = 32/60	8949,33	8952	3580,80	3582	9002,67	9003	3601,20	3603
23 = 33/60	9229,—	9231	3692,40	3693	9284,—	9285	3714,—	3714
24 = 34/60	9508,67	9510	3804,—	3804	9565,33	9567	3826,80	3828
25 = 35/60	9788,33	9789	3915,60	3918	9846,67	9849	3939,60	3942
26 = 36/60	10068,—	10068	4027,20	4029	10128,—	10128	4051,20	4053
27 = 37/60	10347,67	10350	4140,—	4140	10409,33	10410	4164,—	4164
28 = 38/60	10627,33	10629	4251,60	4254	10690,67	10692	4276,80	4278
29 = 39/60	10907,—	10908	4363,20	4365	10972,—	10974	4389,60	4392
30 = 40/60	11186,67	11187	4474,80	4476	11253,33	11256	4502,40	4503
31 = 81/120	11326,50	11328	4531,20	4533	11394,—	11394	4557,60	4560
32 = 82/120	11466,33	11469	4587,60	4590	11534,67	11535	4614,—	4614
33 = 83/120	11606,17	11607	4642,80	4644	11675,33	11676	4670,40	4671
34 = 84/120	11746,—	11748	4699,20	4701	11816,—	11817	4726,80	4728
35 = 85/120	11885,83	11886	4754,40	4755	11956,67	11958	4783,20	4785
36 = 86/120	12025,67	12027	4810,80	4812	12097,33	12099	4839,60	4842
37 = 87/120	12165,50	12168	4867,20	4869	12238,—	12240	4896,—	4896
38 = 88/120	12305,33	12306	4922,40	4923	12378,67	12381	4952,40	4953
39 = 89/120	12445,17	12447	4978,80	4980	12519,33	12522	5008,80	5010
40 = 90/120	12585,—	12585	5034,—	5034	12660,—	12660	5064,—	5064

Volle Dienstjahre	Jahresbetrag des Ruhegehalts und des Witwengeldes bei einem Grundgehalt (und einem ruhegehaltsfähigen Ortszuschlag) von ....ℳ.							
	15 000		(2600)		15 300		(2600)	
	Ruhegehalt		Witwengeld		Ruhegehalt		Witwengeld	
	genau	rund	genau	rund	genau	rund	genau	rund
	ℳ	ℳ	ℳ	ℳ	ℳ	ℳ	ℳ	ℳ
10 = 20/60	5866,67	5868	3000,—	3000	5966,67	5967	3000,—	3000
11 = 21/60	6160,—	6162	3000,—	3000	6265,—	6267	3000,—	3000
12 = 22/60	6453,33	6456	3000,—	3000	6563,33	6564	3000,—	3000
13 = 23/60	6746,67	6747	3000,—	3000	6861,67	6864	3000,—	3000
14 = 24/60	7040,—	7041	3000,—	3000	7160,—	7161	3000,—	3000
15 = 25/60	7333,33	7335	3000,—	3000	7458,33	7461	3000,—	3000
16 = 26/60	7626,67	7629	3051,60	3054	7756,67	7758	3103,20	3105
17 = 27/60	7920,—	7920	3168,—	3168	8055,—	8055	3222,—	3222
18 = 28/60	8213,33	8214	3285,60	3288	8353,33	8355	3342,—	3342
19 = 29/60	8506,67	8508	3403,20	3405	8651,67	8652	3460,80	3462
20 = 30/60	8800,—	8802	3520,80	3522	8950,—	8952	3580,80	3582
21 = 31/60	9093,33	9096	3638,40	3639	9248,33	9249	3699,60	3702
22 = 32/60	9386,67	9387	3754,80	3756	9546,67	9549	3819,60	3822
23 = 33/60	9680,—	9681	3872,40	3873	9845,—	9846	3938,40	3939
24 = 34/60	9973,33	9975	3990,—	3990	10143,33	10146	4058,40	4059
25 = 35/60	10266,67	10269	4107,60	4110	10441,67	10443	4177,20	4179
26 = 36/60	10560,—	10560	4224,—	4224	10740,—	10740	4296,—	4296
27 = 37/60	10853,33	10854	4341,60	4344	11038,33	11040	4416,—	4416
28 = 38/60	11146,67	11148	4459,20	4461	11336,67	11337	4534,80	4536
29 = 39/60	11440,—	11442	4576,80	4578	11635,—	11637	4654,80	4656
30 = 40/60	11733,33	11736	4694,40	4695	11933,33	11934	4773,60	4776
31 = 81/120	11880,—	11880	4752,—	4752	12082,50	12084	4833,60	4836
32 = 82/120	12026,67	12027	4810,80	4812	12231,67	12234	4893,60	4896
33 = 83/120	12173,33	12174	4869,60	4872	12380,83	12381	4952,40	4956
34 = 84/120	12320,—	12321	4928,40	4929	12530,—	12531	5012,40	5013
35 = 85/120	12466,67	12468	4987,20	4989	12679,17	12681	5072,40	5073
36 = 86/120	12613,33	12615	4046,—	5046	12828,33	12831	5132,40	5133
37 = 87/120	12760,—	12762	5104,80	5106	12977,50	12978	5191,20	5193
38 = 88/120	12906,67	12909	4163,60	5166	13126,67	13128	5251,20	5253
39 = 89/120	13053,33	13056	5222,40	5223	13275,83	13278	5311,20	5313
40 = 90/120	13200,—	13200	5280,—	5280	13425,—	13425	5370,—	5370

Volle Dienstjahre	Jahresbetrag des Ruhegehalts und des Witwengeldes bei einem Grundgehalt (und einem ruhegehaltsfähigen Ortszuschlag) von .... ℳ. 15 400 (2600)				15 700 (2600)			
	Ruhegehalt		Witwengeld		Ruhegehalt		Witwengeld	
	genau	rund	genau	rund	genau	rund	genau	rund
	ℳ	ℳ	ℳ	ℳ	ℳ	ℳ	ℳ	ℳ
10=$^{20}/_{60}$	6000,—	6000	3000,—	3000	6100,—	6102	3000,—	3000
11=$^{21}/_{60}$	6300,—	6300	3000,—	3000	6405,—	6405	3000,—	3000
12=$^{22}/_{60}$	6600,—	6600	3000,—	3000	6710,—	6711	3000,—	3000
13=$^{23}/_{60}$	6900,—	6900	3000,—	3000	7015,—	7017	3000,—	3000
14=$^{24}/_{60}$	7200,—	7200	3000,—	3000	7320,—	7320	3000,—	3000
15=$^{25}/_{60}$	7500,—	7500	3000,—	3000	7625,—	7626	3050,40	3051
16=$^{26}/_{60}$	7800,—	7800	3120,—	3120	7930,—	7932	3172,80	3174
17=$^{27}/_{60}$	8100,—	8100	3240,—	3240	8235,—	8235	3294,—	3294
18=$^{28}/_{60}$	8400,—	8400	3360,—	3360	8540,—	8541	3416,40	3417
19=$^{29}/_{60}$	8700,—	8700	3480,—	3480	8845,—	8847	3538,80	3540
20=$^{30}/_{60}$	9000,—	9000	3600,—	3600	9150,—	9150	3660,—	3660
21=$^{31}/_{60}$	9300,—	9300	3720,—	3720	9455,—	9456	3782,40	3783
22=$^{32}/_{60}$	9600,—	9600	3840,—	3840	9760,—	9762	3904,80	3906
23=$^{33}/_{60}$	9900,—	9900	3960,—	3960	10065,—	10065	4026,—	4026
24=$^{34}/_{60}$	10200,—	10200	4080,—	4080	10370,—	10371	4148,40	4149
25=$^{35}/_{60}$	10500,—	10500	4200,—	4200	10675,—	10677	4270,80	4272
26=$^{36}/_{60}$	10800,—	10800	4320,—	4320	10980,—	10980	4392,—	4392
27=$^{37}/_{60}$	11100,—	11100	4440,—	4440	11285,—	11286	4514,40	4515
28=$^{38}/_{60}$	11400,—	11400	4560,—	4560	11590,—	11592	4636,80	4638
29=$^{39}/_{60}$	11700,—	11700	4680,—	4680	11895,—	11895	4758,—	4758
30=$^{40}/_{60}$	12000,—	12000	4800,—	4800	12200,—	12201	4880,40	4881
31=$^{81}/_{120}$	12150,—	12150	4860,—	4860	12352,50	12354	4941,60	4944
32=$^{82}/_{120}$	12300,—	12300	4920,—	4920	12505,—	12507	5002,80	5004
33=$^{83}/_{120}$	12450,—	12450	4980,—	4980	12657,50	12660	5064,—	5064
34=$^{84}/_{120}$	12600,—	12600	5040,—	5040	12810,—	12810	5124,—	5124
35=$^{85}/_{120}$	12750,—	12750	5100,—	5100	12962,50	12963	5185,20	5187
36=$^{86}/_{120}$	12900,—	12900	5160,—	5160	13115,—	13116	5246,40	5247
37=$^{87}/_{120}$	13050,—	13050	5220,—	5220	13267,50	13269	5307,60	5310
38=$^{88}/_{120}$	13200,—	13200	5280,—	5280	13420,—	13422	5368,80	5370
39=$^{89}/_{120}$	13350,—	13350	5340,—	5340	13572,50	13575	5430,—	5430
40=$^{90}/_{120}$	13500,—	13500	5400,—	5400	13725,—	13725	5490,—	5490

Volle Dienstjahre	Jahresbetrag des Ruhegehalts und des Witwengeldes bei einem Grundgehalt (und einem ruhegehaltsfähigen Ortszuschlag) von .... ℳ.							
	15 900		(2600)		16 000		(2600)	
	Ruhegehalt		Witwengeld		Ruhegehalt		Witwengeld	
	genau	rund	genau	rund	genau	rund	genau	rund
	ℳ	ℳ	ℳ	ℳ	ℳ	ℳ	ℳ	ℳ
10 = $^{20}/_{60}$	6166,67	6168	3000,—	3000	6200,—	6201	3000,—	3000
11 = $^{21}/_{60}$	6475,—	6477	3000,—	3000	6510,—	6510	3000,—	3000
12 = $^{22}/_{60}$	6783,33	6786	3000,—	3000	6820,—	6822	3000,—	3000
13 = $^{23}/_{60}$	7091,67	7092	3000,—	3000	7130,—	7131	3000,—	3000
14 = $^{24}/_{60}$	7400,—	7401	3000,—	3000	7440,—	7440	3000,—	3000
15 = $^{25}/_{60}$	7708,33	7710	3084,—	3084	7750,—	7752	3100,80	3102
16 = $^{26}/_{60}$	8016,67	8019	3207,60	3210	8060,—	8061	3224,40	3225
17 = $^{27}/_{60}$	8325,—	8325	3330,—	3330	8370,—	8370	3348,—	3348
18 = $^{28}/_{60}$	8633,33	8634	3453,60	3456	8680,—	8682	3472,80	3474
19 = $^{29}/_{60}$	8941,67	8943	3577,20	3579	8990,—	8991	3596,40	3597
20 = $^{30}/_{60}$	9250,—	9252	3700,80	3702	9300,—	9300	3720,—	3720
21 = $^{31}/_{60}$	9558,33	9561	3824,40	3825	9610,—	9612	3844,80	3846
22 = $^{32}/_{60}$	9866,67	9867	3946,80	3948	9920,—	9921	3968,40	3969
23 = $^{33}/_{60}$	10175,—	10176	4070,40	4071	10230,—	10230	4092,—	4092
24 = $^{34}/_{60}$	10483,33	10485	4194,—	4194	10540,—	10542	4216,80	4218
25 = $^{35}/_{60}$	10791,67	10794	4317,60	4320	10850,—	10851	4340,40	4341
26 = $^{36}/_{60}$	11100,—	11100	4440,—	4440	11160,—	11160	4464,—	4464
27 = $^{37}/_{60}$	11408,33	11409	4563,60	4566	11470,—	11472	4588,80	4590
28 = $^{38}/_{60}$	11716,67	11718	4687,20	4689	11780,—	11781	4712,40	4713
29 = $^{39}/_{60}$	12025,—	12027	4810,80	4812	12090,—	12090	4836,—	4836
30 = $^{40}/_{60}$	12333,33	12336	4934,40	4935	12400,—	12402	4960,80	4962
31 = $^{81}/_{120}$	12487,50	12489	4995,60	4998	12555,—	12555	5022,—	5022
32 = $^{82}/_{120}$	12641,67	12642	5056,80	5058	12710,—	12711	5084,40	5085
33 = $^{83}/_{120}$	12795,83	12798	5119,20	5121	12865,—	12867	5146,80	5148
34 = $^{84}/_{120}$	12950,—	12951	5180,40	5181	13020,—	13020	5208,—	5208
35 = $^{85}/_{120}$	13104,17	13107	5242,80	5244	13175,—	13176	5270,40	5271
36 = $^{86}/_{120}$	13258,33	13260	5304,—	5304	13330,—	13332	5332,80	5334
37 = $^{87}/_{120}$	13412,50	13413	5365,20	5367	13485,—	13485	5394,—	5394
38 = $^{88}/_{120}$	13566,67	13569	5427,60	5430	13640,—	13641	5456,40	5457
39 = $^{89}/_{120}$	13720,83	13722	5488,80	5490	13795,—	13797	5518,80	5520
40 = $^{90}/_{120}$	13875,—	13875	5550,—	5550	13950,—	13950	5580,—	5580

Volle Dienstjahre	Jahresbetrag des Ruhegehalts und des Witwengeldes bei einem Grundgehalt (und einem ruhegehaltsfähigen Ortszuschlag) von ....ℳ.							
	16 400		(2600)		16 500		(2600)	
	Ruhegehalt		Witwengeld		Ruhegehalt		Witwengeld	
	genau	rund	genau	rund	genau	rund	genau	rund
	ℳ	ℳ	ℳ	ℳ	ℳ	ℳ	ℳ	ℳ
10 = 20/60	6333,33	6336	3000,—	3000	6366,—	6369	3000,—	3000
11 = 21/60	6650,—	6651	3000,—	3000	6685,—	6687	3000,—	3000
12 = 22/60	6966,67	6969	3000,—	3000	7003,33	7005	3000,—	3000
13 = 23/60	7283,33	7284	3000,—	3000	7321,67	7323	3000,—	3000
14 = 24/60	7600,—	7602	3040,80	3042	7640,—	7641	3056,40	3057
15 = 25/60	7916,67	7917	3166,80	3168	7958,33	7959	3183,60	3186
16 = 26/60	8233,33	8235	3294,—	3294	8276,67	8277	3310,80	3312
17 = 27/60	8550,—	8550	3420,—	3420	8595,—	8595	3438,—	3438
18 = 28/60	8866,67	8868	3547,20	3549	8913,33	8916	3566,40	3567
19 = 29/60	9183,33	9186	3674,40	3675	9231,67	9234	3693,60	3696
20 = 30/60	9500,—	9501	3800,40	3801	9550,—	9552	3820,80	3822
21 = 31/60	9816,67	9819	3927,60	3930	9868,33	9870	3948,—	3948
22 = 32/60	10133,33	10134	4053,60	4056	10186,67	10188	4075,20	4077
23 = 33/60	10450,—	10452	1180,80	4182	10505,—	10506	4202,40	4203
24 = 34/60	10766,67	10767	4306,80	4308	10823,33	10824	4329,60	4332
25 = 35/60	11083,33	11085	4434,—	4434	11141,67	11142	4456,80	4458
26 = 36/60	11400,—	11400	4560,—	4560	11460,—	11460	4584,—	4584
27 = 37/60	11716,67	11718	4687,20	4689	11778,33	11781	4712,40	4713
28 = 38/60	12033,33	12036	4814,40	4815	12096,67	12099	4839,60	4842
29 = 39/60	12350,—	12351	4940,40	4941	12415,—	12417	4966,80	4968
30 = 40/60	12666,67	12669	5067,60	5070	12733,33	12735	5094,—	5094
31 = 81/120	12825,—	12825	5130,—	5130	12892,50	12894	5157,60	5160
32 = 82/120	12983,33	12984	5193,60	5196	13051,67	13053	5221,20	5223
33 = 83/120	13141,67	13143	5257,20	5259	13210,83	13212	5284,80	5286
34 = 84/120	13300,—	13302	5320,80	5322	13370,—	13371	5348,40	5349
35 = 85/120	13458,33	13461	5384,40	5385	13529,17	13530	5412,—	5412
36 = 86/120	13616,67	13617	5446,80	5448	13688,33	13689	5475,60	5478
37 = 87/120	13775,—	13776	5510,40	5511	13847,50	13848	5539,20	5541
38 = 88/120	13933,33	13935	5574,—	5574	14006,67	14007	5602,80	5604
39 = 89/120	14091,67	14094	5637,60	5640	14165,83	14166	5666,40	5667
40 = 90/120	14250,—	14250	5700,—	5700	14325,—	14325	5730,—	5730

Volle Dienstjahre	Jahresbetrag des Ruhegehalts und des Witwengeldes bei einem Grundgehalt (und einem ruhegehaltsfähigen Ortszuschlag) von ....ℳ.							
	16 800		(3120)		17 000		(3120)	
	Ruhegehalt		Witwengeld		Ruhegehalt		Witwengeld	
	genau	rund	genau	rund	genau	rund	genau	rund
	ℳ	ℳ	ℳ	ℳ	ℳ	ℳ	ℳ	ℳ
10 = 20/60	6640,—	6642	3000,—	3000	6706,67	6708	3000,—	3000
11 = 21/60	6972,—	6972	3000,—	3000	7042,—	7044	3000,—	3000
12 = 22/60	7304,—	7305	3000,—	3000	7377,33	7380	3000,—	3000
13 = 23/60	7636,—	7638	3055,20	3057	7713,67	7713	3085,20	3087
14 = 24/60	7968,—	7968	3187,20	3189	8048,—	8049	3219,60	3233
15 = 25/60	8300,—	8301	3320,40	3321	8383,33	8385	3354,—	3354
16 = 26/60	8632,—	8634	3453,60	3456	8718,67	8721	3488,40	3489
17 = 27/60	8964,—	8964	3585,60	3588	9054,—	9054	3621,60	3624
18 = 28/60	9296,—	9297	3718,80	3720	9389,33	9390	3756,—	3756
19 = 29/60	9628,—	9630	3852,—	3852	9724,67	9726	3890,40	3891
20 = 30/60	9960,—	9960	3984,—	3984	10060,—	10062	4024,80	4026
21 = 31/60	10292,—	10293	4117,20	4119	10395,33	10398	4159,20	4161
22 = 32/60	10624,—	10626	4250,40	4251	10730,67	10731	4292,40	4793
23 = 33/60	10956,—	10956	4382,40	4383	11066,—	11067	4426,80	4426
24 = 34/60	11288,—	11289	4515,60	4518	11401,33	11403	4561,20	4563
25 = 35/60	11620,—	11622	4648,80	4650	11736,67	11739	4695,60	4698
26 = 36/60	11952,—	11952	4780,80	4782	12072,—	12072	4828,80	4830
27 = 37/60	12284,—	12285	4914,—	4914	12407,33	12408	4963,20	4965
28 = 38/60	12616,—	12618	5047,20	5049	12742,67	12744	5097,60	5100
29 = 39/60	12948,—	12948	5179,20	5181	13078,—	13080	5232,—	5232
30 = 40/60	13280,—	13281	5312,40	5313	13413,13	13416	5366,40	5367
31 = 81/120	13446,—	13446	5378,40	5379	13581,—	13581	5432,49	5433
32 = 82/120	13612,—	13614	5445,60	5448	13748,67	13749	5499,60	5502
33 = 83/120	13778,—	13779	5511,60	5514	13916,33	13920	5568,—	5568
34 = 84/120	13944,—	13944	5577,60	5580	14084,—	14085	5634,—	5634
35 = 85/120	14110,—	14112	5644,80	5646	14251,67	14253	5701,20	5703
36 = 86/120	14276,—	14277	5710,80	5712	14419,33	14421	5768,80	5769
37 = 87/120	14442,—	14442	5776,80	5778	14587,—	14589	5835,60	5838
38 = 88/120	14608,—	14610	5844,—	5844	14754,67	14757	5902,80	5904
39 = 89/120	14774,—	14775	5910,—	5910	14922,33	14925	5970,—	5970
40 = 90/120	14940,—	14940	5976,—	5976	15090,—	15090	6036,—	6036

Volle Dienstjahre	Jahresbetrag des Ruhegehalts und des Witwengeldes bei einem Grundgehalt (und einem ruhegehaltsfähigen Ortszuschlag) von .... ℳ.							
	17500		(3120)		17 600		(3120)	
	Ruhegehalt		Witwengeld		Ruhegehalt		Witwengeld	
	genau	rund	genau	rund	genau	rund	genau	rund
	ℳ	ℳ	ℳ	ℳ	ℳ	ℳ	ℳ	ℳ
10 = 20/60	6873,33	6874	3000,—	3000	6906,67	6909	3000,—	3000
11 = 21/60	7217,—	7218	3000,—	3000	7252,—	7254	3000,—	3000
12 = 22/60	7560,67	7563	3025,20	3027	7597,33	7599	3039,60	3042
13 = 23/60	7904,33	7905	3162,—	3162	7942,67	7944	3177,60	3180
14 = 24/60	8248,—	8250	3300,—	3300	8288,—	8289	3315,60	3318
15 = 25/60	8591,67	8592	3436,80	3438	8633,33	8634	3453,60	3456
16 = 26/60	8935,33	8937	3574,80	3576	8978,67	8979	3591,60	3594
17 = 27/60	9279,—	9279	3711,60	3714	9324,—	9324	3729,60	3732
18 = 28/60	9622,67	9624	3849,60	3852	9669,33	9672	3868,80	3870
19 = 29/60	9966,33	9969	3987,60	3990	10014,67	10017	4006,80	4008
20 = 30/60	10310,—	10311	4124,40	4125	10360,—	10362	4144,80	4146
21 = 31/60	10653,67	10656	4262,40	4263	10705,33	10707	4282,80	4284
22 = 32/60	10997,33	10998	4399,20	4401	11050,67	11052	4420,80	4422
23 = 33/60	11341,—	11343	4537,20	4539	11396,—	11397	4558,80	4560
24 = 34/60	11684,67	11685	4674,—	4674	11741,33	11742	4696,80	4698
25 = 35/60	12028,33	12030	4812,—	4812	12086,67	12087	4834,80	4836
26 = 36/60	12372,—	12372	4948,80	4950	12432,—	12432	4972,80	4974
27 = 37/60	12715,67	12717	5086,80	5088	12777,33	12780	5112,—	5112
28 = 38/60	13059,33	13062	5224,80	5226	13122,67	13125	5250,—	5250
29 = 39/60	13403,—	13404	5361,60	5364	13468,—	13470	5388,—	5388
30 = 40/60	13746,67	13749	5499,60	5502	13813,33	13815	5526,—	5526
31 = 81/120	13918,50	13920	5568,—	5568	13986,—	13986	5594,40	5595
32 = 82/120	14090,33	14091	5636,40	5637	14158,67	14160	5664,—	5664
33 = 83/120	14262,17	14265	5706,—	5706	14331,34	14334	5733,60	5736
34 = 84/120	14434,—	14436	5774,40	5775	14504,—	14505	5802,—	5802
35 = 85/120	14605,83	14607	5842,80	5844	14676,67	14679	5871,60	5874
36 = 86/120	14777,67	14778	5911,20	5913	14849,33	14850	5940,—	5940
37 = 87/120	14949,50	14952	5980,80	5982	15022,—	15024	6009,60	6012
38 = 88/120	15121,33	15123	6049,20	6051	15194,67	15195	6078,—	6078
39 = 89/120	15293,17	15294	6117,60	6120	15367,33	15369	6147,60	6150
40 = 90/120	15465,—	15465	6186,—	6186	15540,—	15540	6216,—	6216

Volle Dienstjahre	Jahresbetrag des Ruhegehalts und des Witwengeldes bei einem Grundgehalt (und einem ruhegehaltsfähigen Ortszuschlag) von .... ℳ.							
	18 000		(3120)		18 200		(3120)	
	Ruhegehalt		Witwengeld		Ruhegehalt		Witwengeld	
	genau	rund	genau	rund	genau	rund	genau	rund
	ℳ	ℳ	ℳ	ℳ	ℳ	ℳ	ℳ	ℳ
10 = 20/60	7040,—	7041	3000,—	3000	7106,67	7107	3000,—	3000
11 = 21/60	7392,—	7392	3000,—	3000	7462,—	7464	3000,—	3000
12 = 22/60	7744,—	7746	3098,40	3099	7817,33	7818	3127,20	3129
13 = 23/60	8096,—	8097	3238,80	3240	8172,67	8175	3270,—	3270
14 = 24/60	8448,—	8448	3379,20	3381	8528,—	8529	3411,60	3414
15 = 25/60	8800,—	8802	3520,80	3522	8883,33	8886	3554,40	3555
16 = 26/60	9152,—	9153	3661,20	3663	9238,67	9240	3696,—	3696
17 = 27/60	9504,—	9504	3801,60	3804	9594,—	9594	3837,60	3840
18 = 28/60	9856,—	9858	3943,20	3945	9949,33	9951	3980,40	3981
19 = 29/60	10208,—	10209	4083,60	4086	10304,67	10305	4122,—	4122
20 = 30/60	10560,—	10560	4224,—	4224	10660,—	10662	4264,80	4266
21 = 31/60	10912,—	10914	4365,60	4368	11015,33	11016	4406,40	4407
22 = 32/60	11264,—	11265	4506,—	4506	11370,67	11373	4549,20	4551
23 = 33/60	11616,—	11616	4646,40	4647	11726,—	11727	4690,80	4692
24 = 34/60	11968,—	11970	4788,—	4788	12081,33	12084	4833,60	4836
25 = 35/60	12320,—	12321	4928,40	4929	12436,67	12438	4975,20	4977
26 = 36/60	12672,—	12672	5068,80	5070	12792,—	12792	5116,80	5118
27 = 37/60	13024,—	13026	5210,40	5211	13147,33	13149	5259,60	5262
28 = 38/60	13376,—	13377	5350,80	5352	13502,67	13503	5401,20	5403
29 = 39/60	13728,—	13728	5491,20	5493	13858,—	13860	5544,—	5544
30 = 40/60	14080,—	14082	5632,80	5634	14213,33	14214	5685,60	5688
31 = 81/120	14256,—	14256	5702,40	5703	14391,—	14391	5756,40	5757
32 = 82/120	14432,—	14433	5773,20	5775	14568,67	14571	5828,40	5829
33 = 83/120	14608,—	14610	5844,—	5844	14746,33	14748	5899,20	5901
34 = 84/120	14784,—	14784	5913,60	5916	14924,—	14925	5970,—	5970
35 = 85/120	14960,—	14961	5984,40	5985	15101,67	15102	6040,80	6042
36 = 86/120	15136,—	15138	6055,20	6057	15279,33	15282	6112,80	6114
37 = 87/120	15312,—	15312	6124,80	6126	15457,—	15459	6183,60	6186
38 = 88/120	15488,—	15489	6195,60	6198	15634,67	15636	6254,40	6255
39 = 89/120	15664,—	15666	6266,40	6267	15812,33	15813	6325,20	6327
40 = 90/120	15840,—	15840	6336,—	6336	15990,—	15990	6396,—	6396

Tafeln über Ruhegehalt und Witwengeld.

Volle Dienstjahre	Jahresbetrag des Ruhegehalts und des Witwengeldes bei einem Grundgehalt (und einem ruhegehaltsfähigen Ortszuschlag) von .... ℳ							
	18 300		(3120)		18 500		(3120)	
	Ruhegehalt		Witwengeld		Ruhegehalt		Witwengeld	
	genau	rund	genau	rund	genau	rund	genau	rund
	ℳ	ℳ	ℳ	ℳ	ℳ	ℳ	ℳ	ℳ
10 = 20/60	7140,—	7140	3000,—	3000	7206,67	7209	3000,—	3000
11 = 21/60	7497,—	7497	3000,—	3000	7567,—	7569	3027,60	3030
12 = 22/60	7854,—	7854	3141,60	3144	7927,33	7929	3171,60	3174
13 = 23/60	8211,—	8211	3284,40	3285	8287,67	8289	3315,60	3318
14 = 24/60	8568,—	8568	3427,20	3429	8648,—	8649	3459,60	3462
15 = 25/60	8925,—	8925	3570,—	3570	9008,33	9009	3603,60	3606
16 = 26/60	9282,—	9282	3712,80	3714	9368,67	9369	3747,60	3750
17 = 27/60	9639,—	9639	3855,60	3858	9729,—	9729	3891,60	3894
18 = 28/60	9996,—	9996	3998,40	3999	10089,33	10092	4036,80	4038
19 = 29/60	10353,—	10353	4141,20	4143	10449,67	10452	4180,80	4182
20 = 30/60	10710,—	10710	4284,—	4284	10810,—	10812	4324,80	4326
21 = 31/60	11067,—	11067	4426,80	4428	11170,33	11172	4468,80	4470
22 = 32/60	11424,—	11424	4569,60	4572	11530,67	11532	4612,80	4614
23 = 33/60	11781,—	11781	4712,40	4713	11891,—	11892	4756,80	4758
24 = 34/60	12138,—	12138	4855,20	4857	12251,33	12252	4900,80	4902
25 = 35/60	12495,—	12495	4998,—	4998	12611,67	12612	5044,80	5046
26 = 36/60	12852,—	12852	5140,80	5142	12972,—	12972	5188,80	5190
27 = 37/60	13209,—	13209	5283,60	5286	13332,33	13335	5334,—	5334
28 = 38/60	13566,—	13566	5426,40	5427	13692,67	13695	5478,—	5478
29 = 39/60	13953,—	13923	5569,20	5571	14053,—	14055	5622,—	5622
30 = 40/60	14280,—	14280	5712,—	5712	14413,33	14415	5766,—	5766
31 = 81/120	14458,50	14460	5784,—	5784	14593,50	14595	5838,—	5838
32 = 82/120	14637,—	14637	5854,80	5856	14773,67	14775	5910,—	5910
33 = 83/120	14815,50	14817	5926,80	5928	14953,83	14955	5982,—	5982
34 = 84/120	14994,—	14994	5997,60	6000	15134,—	15135	6054,—	6054
35 = 85/120	15172,50	15174	6069,60	6072	15314,17	15315	6126,—	6126
36 = 86/120	15351,—	15351	6140,40	6141	15494,33	15495	6198,—	6198
37 = 87/120	15529,50	15531	6212,40	6213	15674,50	15675	6270,—	6270
38 = 88/120	15708,—	15708	6283,20	6285	15854,67	15855	6342,—	6342
39 = 89/120	15886,50	15888	6355,20	6357	16034,83	16035	6414,—	6414
40 = 90/120	16065,—	16065	6426,—	6426	16215,—	16215	6486,—	6486

Volle Dienstjahre	Jahresbetrag des Ruhegehalts und des Witwengeldes bei einem Grundgehalt (und einem ruhegehaltsfähigen Ortszuschlag) von .... ℳ.							
	18 800		(3120)		19 000		(3120)	
	Ruhegehalt		Witwengeld		Ruhegehalt		Witwengeld	
	genau	rund	genau	rund	genau	rund	genau	rund
	ℳ	ℳ	ℳ	ℳ	ℳ	ℳ	ℳ	ℳ
10 = 20/60	7306,67	7308	3000,—	3000	7373,33	7374	3000,—	3000
11 = 21/60	7672,—	7674	3069,60	3072	7742,—	7743	3097,20	3099
12 = 22/60	8037,33	8040	3216,—	3216	8110,67	8112	3244,80	3246
13 = 23/60	8402,67	8403	3361,20	3363	8479,33	8481	3392,40	3393
14 = 24/60	8768,—	8769	3507,60	3510	8848,—	8850	3540,—	3540
15 = 25/60	9133,33	9135	3654,—	3654	9216,67	9219	3687,60	3690
16 = 26/60	9498,67	9501	3800,40	3801	9585,33	9588	3835,20	3837
17 = 27/60	9864,—	9864	3945,60	3948	9954,—	9954	3981,60	3984
18 = 28/60	10229,33	10230	4092,—	4092	10322,67	10323	4129,20	4131
19 = 29/60	10594,67	10596	4238,40	4239	10691,33	10692	4276,80	4278
20 = 30/60	10960,—	10962	4384,80	4386	11060,—	11061	4424,40	4425
21 = 31/60	11325,33	11328	4531,20	4533	11428,67	11430	4572,—	4572
22 = 32/60	11690,67	11691	4676,40	4677	11797,33	11799	4719,60	4722
23 = 33/60	12056,—	12057	4822,80	4824	12166,—	12168	4867,20	4869
24 = 34/60	12421,33	12423	4969,20	4971	12534,67	12537	5014,80	5016
25 = 35/60	12786,67	12789	5115,60	5118	12903,33	12906	5162,40	5163
26 = 36/60	13152,—	13152	5260,80	5262	13272,—	13272	5308,80	5310
27 = 37/60	13517,33	13518	5407,20	5409	13640,67	13641	5456,40	5457
28 = 38/60	13882,67	13884	5553,60	5556	14009,33	14010	5604,—	5604
29 = 39/60	14248,—	14250	5700,—	5700	14378,—	14379	5751,60	5754
30 = 40/60	14613,33	14616	5846,40	5847	14746,67	14748	5899,20	5901
31 = 81/120	14796,—	14796	5918,40	5919	14931,—	14931	5972,40	5973
32 = 82/120	14978,67	14979	5991,60	5994	15115,33	15117	6046,80	6048
33 = 83/120	15161,33	15162	6064,80	6066	15299,67	15300	6120,—	6120
34 = 84/120	15344,—	15345	6138,—	6138	15484,—	15486	6194,40	6195
35 = 85/120	15526,67	15528	6211,20	6213	15668,33	15669	6267,60	6270
36 = 86/120	15709,33	15711	6284,40	6285	15852,67	15855	6342,—	6342
37 = 87/120	15892,—	15894	6357,60	6360	16037,—	16038	6415,20	6417
38 = 88/120	16074,67	16077	6430,80	6432	16221,33	16224	6489,60	6492
39 = 89/120	16257,33	16260	6504,—	6504	16405,67	16407	6562,80	6564
40 = 90/120	16440,—	16440	6576,—	6576	16590,—	16590	6636,—	6636

Volle Dienstjahre	Jahresbetrag des Ruhegehalts und des Witwengeldes bei einem Grundgehalt (und einem ruhegehaltsfähigen Ortszuschlag) von ℳ.							
	19400		(3120)		19 500		(3120)	
	Ruhegehalt		Witwengeld		Ruhegehalt		Witwengeld	
	genau	rund	genau	rund	genau	rund	genau	rund
	ℳ	ℳ	ℳ	ℳ	ℳ	ℳ	ℳ	ℳ
10 = 20/60	7506,67	7509	3003,60	3006	7540,—	7542	3016,80	3018
11 = 21/60	7882,—	7884	3153,60	3156	7917,—	7917	3166,80	3168
12 = 22/60	8257,33	8259	3303,60	3306	8294,—	8295	3318,—	3318
13 = 23/60	8632,67	8634	3453,60	3456	8671,—	8673	3469,20	3471
14 = 24/60	9008,—	9009	3603,60	3606	9048,—	9048	3619,20	3621
15 = 25/60	9383,33	9384	3753,60	3756	9425,—	9426	3770,40	3771
16 26/60	9758,67	9759	3903,60	3906	9802,—	9804	3921,60	3924
17 = 27/60	10134,—	10134	4053,60	4056	10179,—	10179	4071,60	4074
18 = 28/60	10509,33	10512	4204,80	4206	10556,—	10557	4222,80	4224
19 = 29/60	10884,67	10887	4354,80	4356	10933,—	10935	4374,—	4374
20 = 30/60	11260,—	11262	4504,80	4506	11310,—	11310	4524,—	4524
21 = 31/60	11635,33	11637	4654,80	4656	11687,—	11688	4675,20	4674
22 = 32/60	12010,67	12012	4804,80	4806	12064,—	12066	4826,40	4827
23 = 33/60	12386,—	12387	4954,80	4956	12441,—	12444	4977,60	4980
24 = 34/60	12761,33	12762	5104,80	5106	12818,—	12819	5127,60	5130
25 = 35/60	13136,67	13137	5254,80	5256	13195,—	13197	5278,80	5280
26 = 36/60	13512,—	13512	5404,80	5406	13572,—	13572	5428,80	5430
27 = 37/60	13887,33	13890	5556,—	5556	13949,—	13950	5580,—	5580
28 = 38/60	14262,67	14265	5706,—	5706	14326,—	14328	5731,20	5733
29 = 39/60	14638,—	14640	5856,—	5856	14703,—	14703	5881,20	5883
30 = 40/60	15013,33	15015	6006,—	6006	15080,—	15081	6032,40	6033
31 = 81/120	15201,—	15201	6080,40	6081	15268,50	15270	6108,—	6108
32 = 82/120	15388,67	15390	6156,—	6156	15457,—	15459	6183,60	6186
33 = 83/120	15576,33	15579	6231,60	6234	15645,50	15648	6259,20	6261
34 = 84/120	15764,—	15765	6306,—	6306	15834,—	15834	6333,60	6336
35 = 85/120	15951,67	15954	6381,60	6384	16022,50	16023	6409,20	6411
36 = 86/120	16139,33	16140	6456,—	6456	16211,—	16212	6484,80	6486
37 = 87/120	16327,—	16329	6531,60	6534	16399,50	16401	6560,40	6561
38 = 88/120	16514,67	16515	6606,—	6606	16588,—	16590	6636,—	6636
39 = 89/120	16702,33	16704	6681,60	6684	16776,50	16779	6711,60	6714
40 = 90/120	16890,—	16890	6756,—	6756	16965,—	16965	6786,—	6786

Volle Dienstjahre	Jahresbetrag des Ruhegehalts und des Witwengeldes bei einem Grundgehalt (und einem ruhegehaltsfähigen Ortszuschlag) von .... ℳ.							
	19700		(3120)		19800		(3120)	
	Ruhegehalt		Witwengeld		Ruhegehalt		Witwengeld	
	genau	rund	genau	rund	genau	rund	genau	rund
	ℳ	ℳ	ℳ	ℳ	ℳ	ℳ	ℳ	ℳ
10 = 20/60	7606,67	7608	3043,20	3045	7640,—	7641	3056,40	3057
11 = 21/60	7987,—	7989	3195,60	3198	8022,—	8022	3208,80	3210
12 = 22/60	8367,33	8370	3348,—	3348	8404,—	8406	3362,40	3363
13 = 23/60	8747,67	8748	3499,20	3501	8786,—	8787	3514,80	3516
14 = 24/60	9128,—	9129	3651,60	3654	9168,—	9168	3667,20	3669
15 = 25/60	9508,33	9510	3804,—	3804	9550,—	9552	3820,80	3822
16 = 26/60	9888,67	9891	3956,40	3957	9932,—	9933	3973,20	3975
17 = 27/60	10269,—	10269	4107,60	4110	10314,—	10314	4125,60	4128
18 = 28/60	10649,33	10650	4260,—	4260	10696,—	10698	4279,20	4281
19 = 29/60	11029,67	11031	4412,40	4413	11078,—	11079	4431,60	4434
20 = 30/60	11410,—	11412	4564,80	4566	11460,—	11460	4584,—	4584
21 = 31/60	11790,33	11793	4717,20	4719	11842,—	11844	4737,60	4740
22 = 32/60	12170,67	12171	4868,40	4869	12224,—	12225	4890,—	4890
23 = 33/60	12551,—	12552	5020,80	5022	12606,—	12606	5042,40	5043
24 = 34/60	12931,33	12933	5173,20	5175	12988,—	12990	5196,—	5196
25 = 35/60	13311,67	13314	5325,60	5328	13370,—	13371	5348,40	5349
26 = 36/60	13692,—	13692	5476,80	5478	13752,—	13752	5500,80	5502
27 = 37/60	14072,33	14073	5629,20	5631	14134,—	14136	5654,40	5655
28 = 38/60	14452,67	14454	5781,60	5784	14516,—	14517	5806,80	5808
29 = 39/60	14833,—	14835	5934,—	5934	14898,—	14898	5959,20	5961
30 = 40/60	15213,33	15216	6086,40	6087	15280,—	15282	6112,80	6114
31 = 81/120	15403,50	15405	6162,—	6162	15471,—	15471	6188,40	6189
32 = 82/120	15593,67	15594	6237,60	6240	15662,—	15663	6265,20	6267
33 = 83/120	15783,83	15786	6314,40	6315	15853,—	15855	6342,—	6342
34 = 84/120	15974,—	15975	6390,—	6390	16044,—	16044	6417,60	6420
35 = 85/120	16164,17	16167	6466,80	6468	16235,—	16236	6494,40	6495
36 = 86/120	16354,33	16356	6542,40	6543	16426,—	16428	6571,20	6573
37 = 87/120	16544,50	16545	6618,—	6618	16617,—	16617	6646,80	6648
38 = 88/120	16734,67	16737	6694,80	6696	16808,—	16809	6723,60	6726
39 = 89/120	16924,83	16926	6770,40	6771	16999,—	17001	6800,40	6801
40 = 90/120	17115,—	17115	6846,—	6846	17190,—	17190	6876,—	6876

Volle Dienst-jahre	Jahresbetrag des Ruhegehalts und des Witwengeldes bei einem Grundgehalt (und einem ruhegehaltsfähigen Ortszuschlag) von ....M.							
	20 000		(3640)		20 300		(3640)	
	Ruhegehalt		Witwengeld		Ruhegehalt		Witwengeld	
	genau	rund	genau	rund	genau	rund	genau	rund
	M	M	M	M	M	M	M	M
10 = 20/60	7880,—	7881	3152,40	3153	7980,—	7980	3192,—	3192
11 = 21/60	8274,—	8274	3309,60	3312	8379,—	8379	3351,60	3354
12 = 22/60	8668,—	8670	3468,—	3468	8778,—	8778	3511,20	3513
13 = 23/60	9062,—	9063	3625,20	3627	9177,—	9177	3670,80	3672
14 = 24/60	9456,—	9456	3782,40	3783	9576,—	9576	3830,40	3831
15 = 25/60	9850,—	9852	3940,80	3942	9975,—	9975	3990,—	3990
16 = 26/60	10244,—	10245	4098,—	4098	10374,—	10374	4149,60	4152
17 = 27/60	10638,—	10638	4255,20	4257	10773,—	10773	4309,20	4311
18 = 28/60	11032,—	11034	4413,60	4416	11172,—	11172	4468,80	4470
19 = 29/60	11426,—	11427	4570,80	4572	11571,—	11571	4628,40	4629
20 = 30/60	11820,—	11820	4728,—	4728	11970,—	11970	4788,—	4788
21 = 31/60	12214,—	12216	4886,40	4887	12369,—	12369	4947,60	4950
22 = 32/60	12608,—	12609	5043,60	5046	12768,—	12768	5107,20	5109
23 = 33/60	13002,—	13002	5200,80	5202	13167,—	13167	5766,80	5268
24 = 34/60	13396,—	13398	5359,20	5361	13566,—	13566	5426,40	5427
25 = 35/60	13790,—	13791	5516,40	5517	13965,—	13965	5586,—	5586
26 = 36/60	14184,—	14184	5673,60	5676	14364,—	14364	5745,60	5748
27 = 37/60	14578,—	14580	5832,—	5832	14763,—	14763	5905,20	5907
28 = 38/60	14972,—	14973	5989,20	5991	15162,—	15162	6064,80	6066
29 = 39/60	15366,—	15366	6146,40	6147	15561,—	15561	6224,40	6225
30 = 40/60	15760,—	15762	6304,80	6306	15960,—	15960	6384,—	6384
31 = 81/120	15957,—	15957	6382,80	6384	16159,50	16161	6464,40	6465
32 = 82/120	16154,—	16155	6462,—	6462	16359,—	16359	6543,60	6546
33 = 83/120	16351,—	16353	6541,20	6543	16558,50	16560	6624,—	6624
34 = 84/120	16548,—	16548	6619,20	6621	16758,—	16758	6703,20	6705
35 = 85/120	16745,—	16746	6698,40	6699	16957,50	16959	6783,60	6786
36 = 86/120	16942,—	16944	6777,60	6780	17157,—	17157	6862,80	6864
37 = 87/120	17139,—	17139	6855,60	6858	17356,50	17358	6943,20	6945
38 = 88/120	17336,—	17337	6934,80	6936	17556,—	17556	7022,40	7023
39 = 89/120	17533,—	17535	7014,—	7014	17755,50	17757	7102,80	7104
40 = 90/120	17730,—	17730	7092,—	7092	17955,—	17955	7182,—	7182

Volle Dienstjahre	Jahresbetrag des Ruhegehalts und des Witwengeldes bei einem Grundgehalt (und einem ruhegehaltsfähigen Ortszuschlag) von .... ℳ.							
	20 500		(3640)		20 600		(3640)	
	Ruhegehalt		Witwengeld		Ruhegehalt		Witwengeld	
	genau	rund	genau	rund	genau	rund	genau	rund
	ℳ	ℳ	ℳ	ℳ	ℳ	ℳ	ℳ	ℳ
10=²⁰/₆₀	8046,67	8049	3219,60	3222	8080,—	8082	3232,80	3234
11=²¹/₆₀	8449,—	8451	3380,40	3381	8484,—	8484	3393,60	3396
12=²²/₆₀	8851,33	8853	3541,20	3543	8888,—	8889	3555,60	3558
13=²³/₆₀	9253,67	9255	3702,—	3702	9292,—	9294	3717,60	3720
14=²⁴/₆₀	9656,—	9657	3862,80	3864	9696,—	9696	3878,40	3879
15=²⁵/₆₀	10058,33	10059	4023,60	4026	10100,—	10101	4040,40	4041
16=²⁶/₆₀	10460,67	10461	4184,40	4185	10504,—	10506	4202,40	4203
17=²⁷/₆₀	10863,—	10863	4345,20	4347	10908,—	10908	4363,20	4365
18=²⁸/₆₀	11265,33	11268	4507,20	4509	11312,—	11313	4525,20	4527
19=²⁹/₆₀	11667,67	11670	4668,—	4668	11716,—	11718	4687,20	4689
20=³⁰/₆₀	12070,—	12072	4828,80	4830	12120,—	12120	4848,—	4848
21=³¹/₆₀	12472,33	12474	4989,60	4992	12524,—	12525	5010,—	5010
22=³²/₆₀	12874,67	12876	5150,40	5151	12928,—	12930	5172,—	5172
23=³³/₆₀	13277,—	13278	5311,20	5313	13332,—	13332	5332,80	5334
24=³⁴/₆₀	13679,33	13680	5472,—	5478	13736,—	13737	5494,80	5496
25=³⁵/₆₀	14081,67	14082	5632,80	5634	14140,—	14142	5656,80	5658
26=³⁶/₆₀	14484,—	14484	5793,60	5796	14544,—	14544	5817,60	5820
27=³⁷/₆₀	14886,33	14889	5955,60	5958	14948,—	14949	5979,60	5982
28=³⁸/₆₀	15288,67	15291	6116,40	6117	15352,—	15354	6141,60	6144
29=³⁹/₆₀	15691,—	15693	6277,20	6279	15756,—	15756	6302,40	6303
30=⁴⁰/₆₀	16093,33	16095	6438,—	6438	16160,—	16161	6464,40	6465
31=⁸¹/₁₂₀	16294,50	16296	6518,40	6519	16362,—	16362	6544,80	6546
32=⁸²/₁₂₀	16495,67	16497	6598,80	6600	16564,—	16566	6626,40	6627
33=⁸³/₁₂₀	16696,83	16698	6679,20	6681	16766,—	16767	6706,80	6708
34=⁸⁴/₁₂₀	16898,—	16899	6759,60	6762	16968,—	16968	6787,20	6789
35=⁸⁵/₁₂₀	17099,17	17100	6840,—	6840	17170,—	17172	6868,80	6870
36=⁸⁶/₁₂₀	17300,33	17301	6920,40	6921	17372,—	17373	6949,20	6951
37=⁸⁷/₁₂₀	17501,50	17502	7000,80	7002	17574,—	17574	7029,60	7032
38=⁸⁸/₁₂₀	17702,67	17703	7081,20	7083	17776,—	17778	7111,20	7113
39=⁸⁹/₁₂₀	17903,83	17904	7161,60	7164	17978,—	17979	7191,60	7194
40=⁹⁰/₁₂₀	18105,—	18105	7242,—	7242	18180,—	18180	7272,—	7272

Volle Dienstjahre	Jahresbetrag des Ruhegehalts und des Witwengeldes bei einem Grundgehalt (und einem ruhegehaltsfähigen Ortszuschlag) von .... ℳ.							
	20 900		(3640)		21 000		(3640)	
	Ruhegehalt		Witwengeld		Ruhegehalt		Witwengeld	
	genau	rund	genau	rund	genau	rund	genau	rund
	ℳ	ℳ	ℳ	ℳ	ℳ	ℳ	ℳ	ℳ
10 = 20/60	8180,—	8181	3272,40	3273	8213,33	8214	3285,60	3288
11 = 21/60	8589,—	8589	3435,60	3438	8624,—	8625	3450,—	3450
12 = 22/60	8998,—	9000	3600,—	3600	9034,67	9036	3614,40	3615
13 = 23/60	9407,—	9408	3763,20	3765	9445,33	9447	3778,80	3780
14 = 24/60	9816,—	9816	3926,40	3927	9856,—	9858	3943,20	3945
15 = 25/60	10225,—	10227	4090,80	4092	10266,67	10269	4107,60	4110
16 = 26/60	10634,—	10635	4254,—	4254	10677,33	10680	4272,—	4272
17 = 27/60	11043,—	11043	4417,20	4419	11088,—	11088	4435,20	4437
18 = 28/60	11452,—	11454	4581,60	4584	11498,67	11499	4599,60	4602
19 = 29/60	11861,—	11862	4744,80	4746	11909,33	11910	4764,—	4764
20 = 30/60	12270,—	12270	4908,—	4908	12320,—	12321	4928,40	4929
21 = 31/60	12679,—	12681	5072,40	5073	12730,67	12732	5092,80	5094
22 = 32/60	13088,—	13089	5235,60	5238	13141,33	13143	5257,20	5259
23 = 33/60	13497,—	13497	5398,80	5400	13552,—	13554	5421,60	5424
24 = 34/60	13906,—	13908	5563,20	5565	13962,67	13965	5586,—	5586
25 = 35/60	14315,—	14316	5726,40	5727	14373,33	14376	5750,40	5751
26 = 36/60	14724,—	14724	5889,60	5892	14784,—	14784	5913,60	5916
27 = 37/60	15133,—	15135	6054,—	6054	15194,67	15195	6078,—	6078
28 = 38/60	15542,—	15543	6217,20	6219	15605,33	15606	6242,40	6243
29 = 39/60	15951,—	15951	6380,40	6381	16016,—	16017	6406,80	6408
30 = 40/60	16360,—	16362	6544,80	6546	16426,67	16428	6571,20	6573
31 = 81/120	16564,50	16566	6626,40	6627	16632,—	16632	6652,80	6654
32 = 82/120	16769,—	16770	6708,—	6708	16837,33	16839	6735,60	6738
33 = 83/120	16973,50	16974	6789,60	6792	17042,67	17043	6817,20	6819
34 = 84/120	17178,—	17178	6871,20	6873	17248,—	17250	6900,—	6900
35 = 85/120	17382,55	17385	6954,—	6954	17453,33	17454	6981,60	6984
36 = 86/120	17587,—	17589	7035,60	7038	17658,67	17661	7064,40	7065
37 = 87/120	17791,50	17793	7117,20	7119	17864,—	17865	7146,—	7146
38 = 88/120	17996,—	17997	7198,80	7200	18069,33	18072	7228,80	7230
39 = 89/120	18200,50	18201	7280,40	7281	18274,67	18276	7310,40	7311
40 = 90/120	18405,—	18405	7362,—	7362	18480,—	18480	7392,—	7392

Volle Dienstjahre	Jahresbetrag des Ruhegehalts und des Witwengeldes bei einem Grundgehalt (und einem ruhegehaltsfähigen Ortszuschlag) von ....M.							
	21 200		(3640)		21 300		(3640)	
	Ruhegehalt		Witwengeld		Ruhegehalt		Witwengeld	
	genau	rund	genau	rund	genau	rund	genau	rund
	M	M	M	M	M	M	M	M
10 = 20/60	8280,—	8280	3312,—	3312	8313,33	8316	3326,40	3327
11 = 21/60	8694,—	8694	3477,60	3480	8729,—	8730	3492,—	3492
12 = 22/60	9108,—	9108	3643,20	3645	9144,67	9147	3658,80	3660
13 = 23/60	9522,—	9522	3808,80	3810	9560,33	9561	3824,40	3825
14 = 24/60	9936,—	9936	3974,40	3975	9976,—	9978	3991,20	3993
15 = 25/60	10350,—	10350	4140,—	4140	10391,67	10392	4156,80	4158
16 = 26/60	10764,—	10764	4305,60	4308	10807,33	10809	4323,60	4326
17 = 27/60	11178,—	11178	4471,20	4473	11223,—	11223	4489,20	4491
18 = 28/60	11592,—	11592	4636,80	4638	11638,67	11640	4656,—	4656
19 = 29/60	12006,—	12006	4802,40	4803	12054,33	12057	4822,80	4824
20 = 30/60	12420,—	12420	4968,—	4968	12470,—	12471	4988,40	4989
21 = 31/60	12834,—	12834	5133,60	5136	12885,67	12888	5155,20	5157
22 = 32/60	13248,—	13248	5299,20	5301	13301,33	13302	5320,80	5322
23 = 33/60	13662,—	13662	5464,80	5466	13717,—	13719	5487,60	5490
24 = 34/60	14076,—	14076	5630,40	5631	14132,67	14133	5653,20	5655
25 = 35/60	14490,—	14490	5796,—	5796	14584,33	14550	5820,—	5820
26 = 36/60	14904,—	14904	5961,60	5964	14964,—	14964	5985,60	5988
27 = 37/60	15318,—	15318	6127,20	6129	15379,67	15381	6152,40	6153
28 = 38/60	15732,—	15732	6292,80	6294	15795,33	15798	6319,20	6321
29 = 39/60	16146,—	16146	6458,40	6459	16211,—	16212	6484,80	6486
30 = 40/60	16560,—	16560	6624,—	6624	16626,67	16629	6651,60	6654
31 = 81/120	16767,—	16767	6706,80	6708	16834,50	16836	6734,40	6735
32 = 82/120	16974,—	16974	6789,60	6792	17042,33	17043	6817,20	6819
33 = 83/120	17181,—	17181	6872,40	6873	17250,17	17253	6901,20	6903
34 = 84/120	16388,—	17388	6955,20	6957	17458,—	17460	6984,—	6984
35 = 85/120	17595,—	17595	7038,—	7038	17665,83	17667	7066,80	7068
36 = 86/120	17802,—	17802	7120,80	7122	17873,67	17874	7149,60	7152
37 = 87/120	18009,—	18009	7203,60	7206	18081,50	18084	7233,60	7236
38 = 88/120	18216,—	18216	7286,40	7287	18289,33	18291	7316,40	7317
39 = 89/120	18423,—	18423	7369,20	7371	18497,17	18498	7399,20	7401
40 = 90/120	18630,—	18630	7452,—	7452	18705,—	18705	7482,—	7482

Volle Dienstjahre	Jahresbetrag des Ruhegehalts und des Witwengeldes bei einem Grundgehalt (und einem ruhegehaltsfähigen Ortszuschlag) von ....ℳ.							
	21 500		(3640)		21 800		(3640)	
	Ruhegehalt		Witwengeld		Ruhegehalt		Witwengeld	
	genau	rund	genau	rund	genau	rund	genau	rund
	ℳ	ℳ	ℳ	ℳ	ℳ	ℳ	ℳ	ℳ
10 = 20/60	8380,—	8382	3352,80	3354	8480,—	8481	3392,40	3393
11 = 21/60	8799,—	8799	3519,60	3522	8904,—	8904	3561,60	3564
12 = 22/60	9218,—	9219	3687,60	3690	9328,—	9330	3732,—	3732
13 = 23/60	9637,—	9639	3855,60	3858	9752,—	9753	3901,20	3903
14 = 24/60	10056,—	10056	4022,40	4023	10176,—	10176	4070,40	4071
15 = 25/60	10475,—	10476	4190,40	4191	10600,—	10602	4240,80	4242
16 = 26/60	10894,—	10896	4358,40	4359	11024,—	11025	4410,—	4410
17 = 27/60	11313,—	11313	4525,20	4527	11448,—	11448	4579,20	4581
18 = 28/60	11732,—	11733	4693,20	4695	11872,—	11874	4749,60	4752
19 = 29/60	12151,—	12153	4861,20	4863	12296,—	12297	4918,80	4920
20 = 30/60	12570,—	12570	5028,—	5028	12720,—	12720	5088,—	5088
21 = 31/60	11989,—	12990	5196,—	5196	13144,—	13146	5258,40	5259
22 = 32/60	13408,—	13410	5364,—	5364	13568,—	13569	5427,60	5430
23 = 33/60	13827,—	13827	5530,80	5532	13992,—	13992	5596,80	5598
24 = 34/60	14246,—	14247	5698,80	5700	14416,—	14418	5767,20	5769
25 = 35/60	14665,—	14667	5866,80	5868	14840,—	14841	5936,40	5937
26 = 36/60	15084,—	15084	6033,60	6036	15264,—	15264	6105,60	6108
27 = 37/60	15503,—	15504	6201,60	6204	15688,—	15690	6276,—	6276
28 = 38/60	15922,—	15924	6369,60	6372	16112,—	16113	6445,20	6447
29 = 39/60	16341,—	16341	6536,40	6537	16536,—	16536	6614,40	6615
30 = 40/60	16760,—	16761	6704,40	6705	16960,—	16962	6784,80	6786
31 = 81/120	16969,50	16971	6788,40	6789	17172,—	17172	6868,80	6870
32 = 82/120	17179,—	17181	6872,40	6873	17384,—	17385	6954,—	6954
33 = 83/120	17388,50	17391	6956,40	6957	17596,—	17598	7039,20	7041
34 = 84/120	17598,—	17598	7039,20	7041	17808,—	17808	7123,20	7125
35 = 85/120	17807,50	17808	7123,20	7125	18020,—	18021	7208,40	7209
36 = 86/120	18017,—	18018	7207,20	7209	18232,—	18234	7293,60	7296
37 = 87/120	18226,50	18228	7291,20	7293	18444,—	18444	7377,60	7380
38 = 88/120	18436,—	18438	7375,20	7377	18656,—	18657	7462,80	7464
39 = 89/120	18645,50	18648	7459,20	7461	18868,—	18870	7548,—	7548
40 = 90/120	18855,—	18855	7542,—	7542	19080,—	19080	7632,—	7632

Volle Dienstjahre	Jahresbetrag des Ruhegehalts und des Witwengeldes bei einem Grundgehalt (und einem ruhegehaltsfähigen Ortszuschlag) von .... ℳ.							
	22000		(4160)		22100		(4160)	
	Ruhegehalt		Witwengeld		Ruhegehalt		Witwengeld	
	genau	rund	genau	rund	genau	rund	genau	rund
	ℳ	ℳ	ℳ	ℳ	ℳ	ℳ	ℳ	ℳ
10 = 20/60	8720,—	8721	3488,40	3489	8753,33	8754	3501,60	3504
11 = 21/60	9156,—	9156	3662,40	3663	9191,—	9192	3676,80	3678
12 = 22/60	9592,—	9594	3837,60	3840	9628,67	9630	3852,—	3852
13 = 23/60	10028,—	10029	4011,60	4014	10066,33	10068	4027,20	4029
14 = 24/60	10464,—	10464	4185,60	4188	10504,—	10506	4202,40	4203
15 = 25/60	10900,—	10902	4360,80	4362	10941,67	10944	4377,60	4380
16 = 26/60	11336,—	11337	4534,80	4536	11379,33	11382	4552,80	4554
17 = 27/60	11772,—	11772	4708,80	4710	11817,—	11817	4726,80	4728
18 = 28/60	12208,—	12210	4884,—	4884	12254,67	12255	4902,—	4902
19 = 29/60	12644,—	12645	5058,—	5058	12692,33	12693	5077,20	5079
20 = 30/60	13080,—	13080	5232,—	5232	13130,—	13131	5252,40	5253
21 = 31/60	13516,—	13518	5407,20	5409	13567,67	13569	5427,60	5430
22 = 32/60	13952,—	13953	5581,20	5583	14005,33	14007	5602,80	5604
23 = 33/60	14388,—	14388	5755,20	5757	14443,—	14445	5778,—	5778
24 = 34/60	14824,—	14826	5930,40	5931	14880,67	14883	5953,20	5955
25 = 35/60	15260,—	15261	6104,40	6105	15318,33	15321	6128,40	6129
26 = 36/60	15696,—	15696	6278,40	6279	15756,—	15756	6302,40	6303
27 = 37/60	16132,—	16134	6453,60	6456	16193,67	16194	6477,60	6480
28 = 38/60	16568,—	16569	6627,60	6630	16631,33	16632	6652,80	6654
29 = 39/60	17004,—	17004	6801,60	6804	17069,—	17070	6828,—	6828
30 = 40/60	17440,—	17442	6976,80	6978	17506,67	17508	7003,20	7005
31 = 81/120	17658,—	17658	7063,20	7065	17725,50	17727	7090,80	7092
32 = 82/120	17876,—	17877	7150,80	7152	17944,33	17946	7178,40	7179
33 = 83/120	18094,—	18096	7238,40	7239	18163,17	18165	7266,—	7266
34 = 84/120	18312,—	18313	7325,20	7326	18382,—	18384	7353,60	7356
35 = 85/120	18530,—	18531	7412,40	7413	18600,83	18603	7441,20	7443
36 = 86/120	18748,—	18750	7500,—	7500	18819,67	18822	7528,80	7530
37 = 87/120	18966,—	18966	7586,40	7587	19038,50	19041	7616,40	7617
38 = 88/120	19184,—	19185	7674,—	7674	19257,33	19260	7704,—	7704
39 = 89/120	19402,—	19402	7760,80	7761	19476,17	19479	7791,60	7794
40 = 90/120	19620,—	19621	7848,40	7851	19695,—	19695	7878,—	7878

Volle Dienstjahre	Jahresbetrag des Ruhegehalts und des Witwengeldes bei einem Grundgehalt (und einem ruhegehaltsfähigen Ortszuschlag) von .... ℳ.							
	22400		(4160)		22 900		(4160)	
	Ruhegehalt		Witwengeld		Ruhegehalt		Witwengeld	
	genau	rund	genau	rund	genau	rund	genau	rund
	ℳ	ℳ	ℳ	ℳ	ℳ	ℳ	ℳ	ℳ
10 = 20/60	8853,33	8856	3542,40	3543	9020,—	9021	3608,40	3609
11 = 21/60	9296,—	9297	3718,80	3720	9471,—	9471	3788,40	3789
12 = 22/60	9738,67	9741	3896,40	3897	9922,—	9924	3969,60	3972
13 = 23/60	10181,33	10182	4072,80	4074	10373,—	10374	4149,60	4152
14 = 24/60	10624,—	10626	4250,40	4251	10824,—	10824	4329,60	4332
15 = 25/60	11066,67	11067	4426,80	4428	11275,—	11277	4510,80	4512
16 = 26/60	11509,33	11511	4604,40	4605	11726,—	11727	4690,80	4692
17 = 27/60	11952,—	11952	4780,80	4782	12177,—	12177	4870,80	4872
18 = 28/60	12394,67	12396	4958,40	4959	12628,—	12630	5052,—	5052
19 = 29/60	12837,33	12840	5136,—	5136	13079,—	13080	5232,—	5232
20 = 30/60	13280,—	13281	5312,40	5313	13530,—	13530	5412,—	5412
21 = 31/60	13722,67	13725	5490,—	5490	13981,—	13983	5593,20	5595
22 = 32/60	14165,33	14166	5666,40	5667	14432,—	14433	5773,20	5775
23 = 33/60	14608,—	14610	5844,—	5844	14883,—	14883	5953,20	5955
24 = 34/60	15050,67	15051	6020,40	6021	15334,—	15336	6134,40	6135
25 = 35/60	15493,33	15495	6198,—	6198	15785,—	15786	6314,40	6315
26 = 36/60	15936,—	15936	6374,40	6375	16236,—	16236	6494,40	6495
27 = 37/60	16378,67	16380	6552,—	6552	16687,—	16689	6675,60	6678
28 = 38/60	16821,33	16824	6729,60	6732	17138,—	17139	6855,60	6858
29 = 39/60	17264,—	17265	6906,—	6906	17589,—	17589	7035,60	7038
30 = 40/60	17706,67	17709	7083,60	7086	18042,—	18042	7216,80	7218
31 = 81/120	17928,—	17928	7171,20	7173	18265,50	18267	7306,80	7308
32 = 82/120	18149,33	18150	7260,—	7260	18491,—	18492	7396,80	7398
33 = 83/120	18370,67	18372	7348,80	7350	18716,50	18717	7486,80	7488
34 = 84/120	18592,—	18594	7437,60	7440	18942,—	18942	7576,80	7578
35 = 85/120	18813,33	18816	7526,40	7527	19167,50	19170	7668,—	7668
36 = 86/120	19034,67	19038	7615,20	7617	19393,—	19395	7758,—	7758
37 = 87/120	19256,—	19257	7702,80	7704	19618,50	19620	7848,—	7848
38 = 88/120	19477,33	19479	7791,60	7794	19844,—	19845	7938,—	7938
39 = 89/120	19698,67	19701	7880,40	7881	20069,50	20070	8028,—	8028
40 = 90/120	19920,—	19920	7968,—	7968	20295,—	20295	8118,—	8118

Volle Dienstjahre	Jahresbetrag des Ruhegehalts und des Witwengeldes bei einem Grundgehalt (und einem ruhegehaltsfähigen Ortszuschlag) von .... ℳ.							
	23000		(4160)		23500		(4160)	
	Ruhegehalt		Witwengeld		Ruhegehalt		Witwengeld	
	genau	rund	genau	rund	genau	rund	genau	rund
	ℳ	ℳ	ℳ	ℳ	ℳ	ℳ	ℳ	ℳ
$10 = {}^{20}/_{60}$	9053,33	9054	3621,60	3624	9220,—	9222	3688,80	3690
$11 = {}^{21}/_{60}$	9506,—	9507	3802,80	3804	9681,—	9681	3872,40	3873
$12 = {}^{22}/_{60}$	9958,67	9960	3984,—	3984	10142,—	10143	4057,20	4059
$13 = {}^{23}/_{60}$	10411,33	10413	4165,20	4167	10603,—	10605	4242,—	4242
$14 = {}^{24}/_{60}$	10864,—	10866	4346,40	4347	11064,—	11064	4425,60	4428
$15 = {}^{25}/_{60}$	11316,67	11319	4527,60	4530	11525,—	11526	4610,40	4611
$16 = {}^{26}/_{60}$	11769,33	11772	4708,80	4710	11986,—	11988	4795,20	4797
$17 = {}^{27}/_{60}$	12222,—	12222	4888,80	4890	12447,—	12447	4978,80	4980
$18 = {}^{28}/_{60}$	12674,67	12675	5070,—	5070	12908,—	12909	5163,60	5166
$19 = {}^{29}/_{60}$	13127,33	13128	5251,20	5253	13369,—	13371	5348,40	5349
$20 = {}^{30}/_{60}$	13580,—	13581	5432,40	5433	13830,—	13830	5532,—	5532
$21 = {}^{31}/_{60}$	14032,67	14034	5613,60	5616	14291,—	14292	5716,80	5718
$22 = {}^{32}/_{60}$	14485,33	14487	5794,80	5796	14752,—	14754	5901,60	5904
$23 = {}^{33}/_{60}$	14938,—	14940	5976,—	5976	15213,—	15213	6085,20	6087
$24 = {}^{34}/_{60}$	15390,67	15393	6157,20	6159	15674,—	15675	6270,—	6270
$25 = {}^{35}/_{60}$	15843,33	15846	6338,40	6339	16135,—	16137	6454,80	6456
$26 = {}^{36}/_{60}$	16296,—	16296	6518,40	6519	16596,—	16596	6638,40	6639
$27 = {}^{37}/_{60}$	16748,67	16749	6699,60	6702	17057,—	17058	6823,20	6825
$28 = {}^{38}/_{60}$	17201,33	17202	6880,80	6882	17518,—	17520	7008,—	7008
$29 = {}^{39}/_{60}$	17654,—	17655	7062,—	7062	17979,—	17979	7191,60	7194
$30 = {}^{40}/_{60}$	18106,67	18108	7243,20	7245	18440,—	18441	7376,40	7377
$31 = {}^{81}/_{120}$	18333,—	18333	7333,20	7335	18670,50	18672	7468,80	7470
$32 = {}^{82}/_{120}$	18559,33	18561	7424,40	7425	18901,—	18903	7561,20	7563
$33 = {}^{83}/_{120}$	18785,67	18786	7514,40	7515	19131,50	19134	7653,60	7656
$34 = {}^{84}/_{120}$	19012,—	19014	7605,60	7608	19362,—	19362	7744,80	7746
$35 = {}^{85}/_{120}$	19238,33	19239	7695,60	7698	19592,50	19593	7837,20	7839
$36 = {}^{86}/_{120}$	19464,67	19467	7786,80	7788	19823,—	19824	7929,60	7932
$37 = {}^{87}/_{120}$	19691,—	19692	7876,80	7878	20053,50	20055	8022,—	8022
$38 = {}^{88}/_{120}$	19917,33	19920	7968,—	7968	20284,—	20286	8114,40	8115
$39 = {}^{89}/_{120}$	20143,67	20145	8058,—	8058	20514,50	20517	8206,70	8208
$40 = {}^{90}/_{120}$	20370,—	20370	8148,—	8148	20745,—	20745	8298,—	8298

Volle Dienstjahre	Jahresbetrag des Ruhegehalts und des Witwengeldes bei einem Grundgehalt (und einem ruhegehaltsfähigen Ortszuschlag) von ....ℳ.							
	23 600		(4160)		24 000		(4160)	
	Ruhegehalt		Witwengeld		Ruhegehalt		Witwengeld	
	genau	rund	genau	rund	genau	rund	genau	rund
	ℳ	ℳ	ℳ	ℳ	ℳ	ℳ	ℳ	ℳ
10 = 20/60	9253,33	9255	3702,—	3702	9386,67	9387	3754,80	3756
11 = 21/60	9716,—	9717	3886,80	3888	9856,—	9858	3943,20	3945
12 = 22/60	10178,67	10179	4071,60	4074	10325,33	10326	4130,40	4131
13 = 23/60	10641,33	10644	4257,60	4260	10794,67	10797	4318,80	4320
14 = 24/60	11104,—	11106	4442,40	4443	11264,—	11265	4506,—	4506
15 = 25/60	11566,67	11568	4627,20	4629	11733,33	11736	4694,40	4695
16 = 26/60	12029,33	12030	4812,—	4812	12202,67	12204	4881,60	4884
17 = 27/60	12492,—	12492	4996,80	4998	12672,—	12672	5068,80	5070
18 = 28/60	12954,67	12957	5182,80	5184	13141,33	13143	5257,20	5259
19 = 29/60	13417,33	13419	5367,60	5370	13610,67	13611	5444,40	5445
20 = 30/60	13880,—	13881	5552,40	5553	14080,—	14082	5632,80	5634
21 = 31/60	14342,67	14343	5737,20	5739	14549,33	14550	5820,—	5820
22 = 32/60	14805,33	14808	5923,20	5925	15018,67	15021	6008,40	6009
23 = 33/60	15268,—	15270	6108,—	6108	15488,—	15489	6195,60	6198
24 = 34/60	15730,67	15732	6292,80	6294	15957,33	15960	6384,—	6384
25 = 35/60	16193,33	16194	6477,60	6480	16426,67	16428	6571,20	6573
26 = 36/60	16656,—	16656	6662,40	6663	16896,—	16896	6758,40	6759
27 = 37/60	17118,67	17121	6848,40	6849	17365,33	17367	6946,80	6948
28 = 38/60	17581,33	17583	7033,20	7035	17834,67	17835	7134,—	7134
29 = 39/60	18044,—	18045	7218,—	7218	18304,—	18306	7322,40	7323
30 = 40/60	18506,67	18507	7402,80	7404	18773,33	18774	7509,60	7512
31 = 81/120	18738,—	18738	7495,20	7497	19008,—	19008	7603,20	7605
32 = 82/120	18969,33	18972	7588,80	7590	19242,67	19245	7698,—	7698
33 = 83/120	19200,67	19203	7681,20	7683	19477,33	19479	7791,60	7794
34 = 84/120	19432,—	19434	7773,60	7776	19712,—	19713	7885,20	7887
35 = 85/120	19663,33	19665	7866,—	7866	19946,67	19947	7978,80	7980
36 = 86/120	19894,67	19896	7958,40	7959	20181,33	20184	8073,60	8076
37 = 87/120	20126,—	20127	8050,80	8052	20416,—	20418	8167,20	8169
38 = 88/120	20357,33	20358	8143,20	8145	20650,67	20652	8260,80	8262
39 = 89/120	20588,67	20589	8235,60	8238	20885,33	20886	8354,40	8355
40 = 90/120	20820,—	20820	8328,—	8328	21120,—	21120	8448,—	8448

Volle Dienstjahre	Jahresbetrag des Ruhegehalts und des Witwengeldes bei einem Grundgehalt (und einem ruhegehaltsfähigen Ortszuschlag) von ....M.							
	24 300		(4160)		25 000		(4160)	
	Ruhegehalt		Witwengeld		Ruhegehalt		Witwengeld	
	genau	rund	genau	rund	genau	rund	genau	rund
	M	M	M	M	M	M	M	M
10 = 20/60	9486,67	9489	3795,60	3798	9720,—	9720	3888,—	3888
11 = 21/60	9961,—	9963	3985,20	3987	10206,—	10206	4082,40	4083
12 = 22/60	10435,33	10437	4174,80	4176	10692,—	10692	4276,80	4278
13 = 23/60	10909,67	10911	4364,40	4365	11178,—	11178	4471,20	4473
14 = 24/60	11384,—	11385	4554,—	4554	11664,—	11664	4665,60	4668
15 = 25/60	11858,33	11859	4743,60	4746	12150,—	12150	4860,—	4860
16 = 26/60	12332,67	12333	4933,20	4935	12636,—	12636	5054,40	5055
17 = 27/60	12807,—	12807	5122,80	5124	13122,—	13122	5248,80	5250
18 = 28/60	13281,33	13284	5313,60	5316	13608,—	13608	5443,20	5445
19 = 29/60	13755,67	13758	5503,20	5505	14094,—	14094	5637,60	5640
20 = 30/60	14230,—	14232	5692,80	5694	14580,—	14580	5832,—	5832
21 = 31/60	14704,33	14706	5882,40	5883	15066,—	15066	6026,40	6027
22 = 32/60	15178,67	15180	6072,—	6072	15552,—	15552	6220,80	6222
23 = 33/60	15653,—	15654	6261,60	6264	16038,—	16038	6415,20	6417
24 = 34/60	16127,33	16128	6451,20	6453	16524,—	16524	6609,60	6612
25 = 35/60	16601,67	16602	6640,80	6642	17010,—	17010	6804,—	6804
26 = 36/60	17076,—	17076	6830,40	6831	17496,—	17496	6998,40	6999
27 = 37/60	17550,33	17553	7021,20	7023	17982,—	17982	7192,80	7194
28 = 38/60	18024,67	18027	7210,80	7212	18468,—	18468	7387,20	7389
29 = 39/60	18499,—	18501	7400,40	7401	18954,—	18954	7581,60	7584
30 = 40/60	18973,33	18975	7590,—	7590	19440,—	19440	7776,—	7776
31 = 81/120	19210,50	19212	7684,80	7686	19683,—	19683	7873,20	7875
32 = 82/120	19447,67	19449	7779,60	7782	19926,—	19926	7970,40	7971
33 = 83/120	19684,83	19686	7874,40	7875	20169,—	20169	8067,60	8070
34 = 84/120	19922,—	19923	7969,20	7971	20412,—	20412	8164,80	8166
35 = 85/120	20159,17	20160	8064,—	8064	20655,—	20655	8262,—	8262
36 = 86/120	20396,33	20397	8158,80	8160	20898,—	20898	8359,20	8361
37 = 87/120	20633,50	20634	8253,60	8256	21141,—	21141	8456,40	8457
38 = 88/120	20870,67	20871	8348,40	8349	21384,—	21384	8553,60	8556
39 = 89/120	21107,83	21108	8443,20	8445	21627,—	21627	8650,80	8652
40 = 90/120	21345,—	21345	8538,—	8538	21870,—	21870	8748,—	8748

Volle Dienstjahre	Jahresbetrag des Ruhegehalts und des Witwengeldes bei einem Grundgehalt (und einem ruhegehaltsfähigen Ortszuschlag) von ℳ							
	26000		(4160)		26 200		(4160)	
	Ruhegehalt		Witwengeld		Ruhegehalt		Witwengeld	
	genau	rund	genau	rund	genau	rund	genau	rund
	ℳ	ℳ	ℳ	ℳ	ℳ	ℳ	ℳ	ℳ
10 = 20/60	10053,33	10056	4022,40	4023	10120,—	10122	4048,80	4050
11 = 21/60	10556,—	10557	4222,80	4224	10626,—	10626	4250,40	4251
12 = 22/60	11058,67	11061	4424,40	4425	11132,—	11133	4453,20	4455
13 = 23/60	11561,33	11562	4624,80	4626	11638,—	11640	4656,—	4656
14 = 24/60	12064,—	12066	4826,40	4827	12144,—	12144	4857,60	4860
15 = 25/60	12566,67	12567	5026,80	5028	12650,—	12651	5060,40	5061
16 = 26/60	13069,33	13071	5228,40	5229	13156,—	13158	5263,20	5265
17 = 27/60	13572,—	13572	5428,80	5430	13662,—	13662	5464,80	5466
18 = 28/60	14074,67	14076	5630,40	5631	14168,—	14169	5667,60	5670
19 = 29/60	14577,33	14580	5832,—	5832	14674,—	14676	5870,40	5871
20 = 30/60	15080,—	15081	6032,40	6033	15180,—	15180	6072,—	6072
21 = 31/60	15582,67	15585	6234,—	6234	15686,—	15687	6274,80	6276
22 = 32/60	16085,33	16086	6434,40	6435	16192,—	16194	6477,60	6480
23 = 33/60	16588,—	16590	6636,—	6636	16698,—	16698	6679,20	6681
24 = 34/60	17090,67	17091	6836,40	6837	17204,—	17205	6882,—	6882
25 = 35/60	17593,33	17595	7038,—	7038	17710,—	17712	7084,80	7086
26 = 36/60	18096,—	18096	7238,40	7239	18216,—	18216	7286,40	7287
27 = 37/60	18598,67	18600	7440,—	7440	18722,—	18723	7489,20	7491
28 = 38/60	19101,33	19104	7641,60	7644	19228,—	19230	7692,—	7692
29 = 39/60	19604,—	19605	7842,—	7842	19734,—	19734	7893,60	7896
30 = 40/60	20106,67	20109	8043,60	8046	20240,—	20241	8096,40	8097
31 = 81/120	20358,—	20358	7143,20	8145	20493,—	20493	8197,20	8199
32 = 82/120	20609,33	20610	8244,—	8244	20746,—	20748	8299,20	8301
33 = 83/120	20860,67	20862	8344,80	8346	20999,—	21000	8400,—	8400
34 = 84/120	21112,—	21114	8445,60	8448	21252,—	21252	8500,80	8502
35 = 85/120	21363,33	21366	8546,40	8547	21505,—	21507	8602,80	8604
36 = 86/120	21614,67	21615	8646,—	8646	21758,—	21759	8703,60	8706
37 = 87/120	21866,—	21867	8746,80	8748	22011,—	22011	8804,40	8805
38 = 88/120	22117,33	22119	8847,60	8850	22264,—	22266	8906,40	8907
39 = 89/120	22368,67	22371	8948,40	8949	22517,—	22518	9007,20	9009
40 = 90/120	22620,—	22620	9048,—	9048	22770,—	22770	9108,—	9108

Jahresbetrag des Ruhegehalts und des Witwengeldes bei einem Grundgehalt (und einem ruhegehaltsfähigen Ortszuschlag) von .... ℳ.

Volle Dienstjahre	26 600		(4160)		27 000		(4160)	
	Ruhegehalt		Witwengeld		Ruhegehalt		Witwengeld	
	genau	rund	genau	rund	genau	rund	genau	rund
	ℳ	ℳ	ℳ	ℳ	ℳ	ℳ	ℳ	ℳ
10 = 20/60	10253,33	10254	4101,60	4104	10386,67	10389	4155,60	4158
11 = 21/60	10766,—	10767	4306,80	4308	10906,—	10908	4363,20	4365
12 = 22/60	11278,67	11280	4512,—	4512	11425,33	11427	4570,80	4572
13 = 23/60	11791,33	11793	4717,20	4719	11944,67	11946	4778,40	4779
14 = 24/60	12304,—	12306	4922,40	4923	12464,—	12465	4986,—	4986
15 = 25/60	12816,67	12819	5127,60	5130	12983,33	12984	5193,60	5196
16 = 26/60	13329,33	13332	5332,80	5334	13502,67	13503	5401,20	5403
17 = 27/60	13842,—	13842	5536,80	5538	14022,—	14022	5608,80	5610
18 = 28/60	14354,67	14355	5742,—	5742	14541,33	14544	5817,60	5820
19 = 29/60	14867,33	14868	5947,20	5949	15060,67	15063	6025,20	6027
20 = 30/60	15380,—	15381	6152,40	6153	15580,—	15582	6232,80	6234
21 = 31/60	15892,67	15894	6357,60	6360	16099,33	16101	6440,40	6441
22 = 32/60	16405,33	16407	6562,80	6564	16618,67	16620	6648,—	6648
23 = 33/60	16918,—	16920	6768,—	6768	17138,—	17139	6855,60	6858
24 = 34/60	17430,67	17433	6973,20	6975	17657,33	17658	7063,20	7065
25 = 35/60	17943,33	17946	7178,40	7179	18176,67	18177	7270,80	7272
26 = 36/60	18456,—	18456	7382,40	7383	18696,—	18696	7478,40	7479
27 = 37/60	18968,67	18969	7587,60	7590	19215,33	19218	7687,20	7689
28 = 38/60	19181,33	19482	7792,80	7794	19734,67	19737	7894,80	7896
29 = 39/60	19994,—	19995	7998,—	7998	20254,—	20256	8102,40	8103
30 = 40/60	20506,67	20508	8203,20	8205	20773,33	20775	8310,—	8310
31 = 81/120	20763,—	20763	8305,20	8307	21033,—	21033	8413,20	8415
32 = 82/120	21019,33	21021	8408,40	8409	21292,67	21294	8517,60	8520
33 = 83/120	21275,67	21276	8510,40	8511	21552,33	21555	8622,—	8622
34 = 84/120	21532,—	21534	8613,60	8616	21812,—	21813	8725,20	8727
35 = 85/120	21788,33	21789	8715,60	8718	22071,67	22074	8829,60	8832
36 = 86/120	52044,67	22047	8818,80	8820	22331,—	22332	8932,80	8934
37 = 87/120	22301,—	22302	8920,80	8922	22591,—	22593	9037,20	9039
38 = 88/120	22557,33	22560	9024,—	9024	22850,67	22851	9140,40	9141
39 = 89/120	22813,67	22815	9126,—	9126	23110,33	23112	9244,80	9246
40 = 90/120	23070,—	23070	9228,—	9228	23370,—	23370	9348,—	9348

Volle Dienstjahre	Jahresbetrag des Ruhegehalts und des Witwengeldes bei einem Grundgehalt (und einem ruhegehaltsfähigen Ortszuschlag) von ....M.							
	27 400		(4160)		28 000		(4680)	
	Ruhegehalt		Witwengeld		Ruhegehalt		Witwengeld	
	genau	rund	genau	rund	genau	rund	genau	rund
	M	M	M	M	M	M	M	M
10 = 20/60	10520,—	10521	4208,40	4209	10893,33	10896	4358,40	4359
11 = 21/60	11046,—	11046	4418,40	4419	11438,—	11439	4575,60	4578
12 = 22/60	11572,—	11574	4629,60	4632	11982,67	11985	4794,—	4794
13 = 23/60	12098,—	12099	4839,60	4842	12527,33	12528	5011,20	5013
14 = 24/60	12624,—	12624	5049,60	5052	13072,—	13074	5229,60	5232
15 = 25/60	13150,—	13152	5260,80	5262	13616,67	13617	5446,80	5448
16 = 26/60	13676,—	13677	5470,80	5472	14161,33	14163	5665,20	5667
17 = 27/60	14202,—	14202	5680,80	5682	14706,—	14706	5882,40	5883
18 = 28/60	14728,—	14730	5892,—	5892	15250,67	15252	6100,80	6102
19 = 29/60	15254,—	15255	6102,—	6102	15795,33	15798	6319,20	6321
20 = 30/60	15780,—	15780	6312,—	6312	16340,—	16341	6536,40	6537
21 = 31/60	16306,—	16308	6523,20	6525	16884,67	16887	6754,80	6756
22 = 32/60	16832,—	16833	6733,20	6735	17429,33	17430	6972,—	6972
23 = 33/60	17358,—	17358	6943,20	6945	17974,—	17976	7190,40	7191
24 = 34/60	17884,—	17886	7154,40	7155	18518,67	18519	7407,60	7410
25 = 35/60	18410,—	18411	7364,40	7365	19063,33	19065	7626,—	7626
26 = 36/60	18936,—	18936	7574,40	7575	19608,—	19608	7843,20	7845
27 = 37/60	19462,—	19464	7785,60	7788	20152,67	20154	8061,60	8064
28 = 38/60	19988,—	19989	7995,60	7998	20697,33	20700	8280,—	8280
29 = 39/60	20514,—	20514	8205,60	8208	21242,—	21243	8497,20	8499
30 = 40/60	21040,—	21041	8416,40	8418	21786,67	21789	8715,60	8718
31 = 81/120	21303,—	21303	8521,20	8523	22059,—	22059	8823,60	8826
32 = 82/120	21566,—	21567	8626,80	8628	22331,33	22332	8932,80	8934
33 = 83/120	21829,—	21831	8732,40	8733	22603,67	22605	9042,—	9042
34 = 84/120	22092,—	22092	8836,80	8838	22876,—	22878	9151,20	9153
35 = 85/120	22355,—	22355	8942,—	8943	23148,33	23151	9260,40	9261
36 = 86/120	22618,—	22620	9048,—	9048	23420,67	23421	9368,40	9369
37 = 87/120	22881,—	22881	9152,40	9153	23693,—	23694	9477,60	9480
38 = 88/120	23144,—	23144	9257,60	9258	23965,33	23967	9586,80	9588
39 = 89/120	23407,—	23409	9363,60	9366	24237,67	24240	9696,—	9696
40 = 90/120	23670,—	23670	9468,—	9468	24510,—	24510	9804,—	9804

Volle Dienstjahre	Jahresbetrag des Ruhegehalts und des Witwengeldes bei einem Grundgehalt (und einem ruhegehaltsfähigen Ortszuschlag) von .... ℳ.							
	28 200		(4680)		28 600		(4680)	
	Ruhegehalt		Witwengeld		Ruhegehalt		Witwengeld	
	genau	rund	genau	rund	genau	rund	genau	rund
	ℳ	ℳ	ℳ	ℳ	ℳ	ℳ	ℳ	ℳ
10 = 20/60	10960,—	10962	4384,80	4386	11093,33	11094	4437,60	4440
11 = 21/60	11508,—	11508	4603,20	4605	11648,—	11649	4659,60	4662
12 = 22/60	12056,—	12057	4822,80	4824	12202,67	12204	4881,60	4884
13 = 23/60	12604,—	12606	5042,40	5043	12757,33	12759	5103,60	5106
14 = 24/60	13152,—	13152	5260,80	5262	13312,—	13314	5325,60	5328
15 = 25/60	13700,—	13701	5480,40	5481	13866,67	13869	5547,60	5550
16 = 26/60	14248,—	14250	5700,—	5700	14421,33	14424	5769,60	5772
17 = 27/60	14796,—	14796	5918,40	5919	14976,—	14976	5990,40	5991
18 = 28/60	15344,—	15345	6138,—	6138	15530,67	15531	6212,40	6213
19 = 29/60	15892,—	15894	6357,60	6360	16085,33	16086	6434,40	6435
20 = 30/60	16440,—	16440	6576,—	6576	16640,—	16641	6656,40	6657
21 = 31/60	16988,—	16989	6795,60	6798	17194,67	17196	6878,40	6879
22 = 32/60	17536,—	17538	7015,20	7017	17749,33	17751	7100,40	7101
23 = 33/60	18084,—	18084	7233,60	7236	18304,—	18306	7322,40	7323
24 = 34/60	18632,—	18633	7453,20	7455	18858,67	18861	7544,40	7545
25 = 35/60	19180,—	19182	7672,80	7674	19413,33	19414	7765,60	7767
26 = 36/60	19728,—	19728	7891,20	7893	19968,—	19968	7987,20	7989
27 = 37/60	20276,—	20277	8110,80	8112	20522,67	20523	8209,20	8211
28 = 38/60	20824,—	20826	8330,40	8331	21077,33	21078	8431,20	8433
29 = 39/60	21372,—	21372	8548,80	8550	21632,—	21633	8653,20	8655
30 = 40/60	21920,—	21921	8768,40	8769	22186,67	22188	8875,20	8877
31 = 81/120	22194,—	22194	8877,60	8880	22464,—	22464	8985,60	8988
32 = 82/120	22468,—	22470	8988,—	8988	22741,33	22742	9096,80	9099
33 = 83/120	22742,—	22743	9097,20	9099	23018,67	23019	9207,60	9210
34 = 84/120	23016,—	23016	9206,40	9207	23296,—	23298	9319,20	9321
35 = 85/120	23290,—	23292	9316,80	9318	23573,33	23574	9429,60	9432
36 = 86/120	23564,—	23565	9426,—	9426	23850,67	23853	9541,20	9543
37 = 87/120	23838,—	23838	9535,20	9537	24128,—	24129	9651,60	9654
38 = 88/120	24112,—	24114	9645,60	9648	24405,33	24408	9763,20	9765
39 = 89/120	24386,—	24387	9754,80	9756	24682,67	24684	9873,60	9876
40 = 90/120	24660,—	24660	9864,—	9864	24960,—	24960	9984,—	9984

Volle Dienstjahre	Jahresbetrag des Ruhegehalts und des Witwengeldes bei einem Grundgehalt (und einem ruhegehaltsfähigen Ortszuschlag) von .... ℳ.							
	29800		(4680)		30 000		(4680)	
	Ruhegehalt		Witwengeld		Ruhegehalt		Witwengeld	
	genau	rund	genau	rund	genau	rund	genau	rund
	ℳ	ℳ	ℳ	ℳ	ℳ	ℳ	ℳ	ℳ
10=20/60	11493,33	11496	4598,40	4599	11560,—	11560	4624,—	4626
11=21/60	12068,—	12069	4827,60	4830	12138,—	12138	4855,20	4857
12=22/60	12642,67	12645	5058,—	5058	13716,—	12717	5086,80	5088
13=23/60	13217,33	13218	5287,20	5289	13294,—	13296	5318,40	5319
14=24/60	13792,—	13794	5517,60	5520	13872,—	13872	5548,80	5550
15=25/60	14366,67	14367	5746,80	5748	14450,—	14451	5780,40	5781
16=26/60	14941,33	14943	5977,20	5979	15028,—	15030	6012,—	6012
17=27/60	15516,—	15516	6206,40	6207	15606,—	15606	6242,40	6243
18=28/60	16090,67	16092	6436,80	6438	16184,—	16185	6474,—	6474
19=29/60	16665,33	16668	6667,20	6669	16762,—	16764	6705,60	6708
20=30/60	17240,—	17241	6896,40	6897	17340,—	17340	6936,—	6936
21=31/60	17814,67	17817	7126,80	7128	17918,—	17919	7167,60	7170
22=32/60	18389,33	18390	7356,—	7356	18496,—	18498	7399,20	7401
23=33/60	18964,—	18966	7586,40	7587	19074,—	19074	7629,60	7632
24=34/60	19538,67	19539	7815,60	7818	19652,—	19653	7861,20	7863
25=35/60	20113,33	20115	8046,—	8046	20230,—	20232	8092,80	8094
26=36/60	20688,—	20688	8275,20	8277	20808,—	20808	8323,20	8325
27=37/60	21262,67	21264	8505,60	8508	21386,—	21387	8554,80	8556
28=38/60	21837,33	21840	8736,—	8736	21964,—	21966	8786,40	8787
29=39/60	22412,—	22413	8965,20	8967	22542,—	22542	9016,80	9018
30=40/60	22986,67	22989	9195,60	9198	23120,—	23121	9248,40	9249
31=81/120	23274,—	23274	9309,60	9312	23409,—	23409	9363,60	9366
32=82/120	23561,33	23562	9424,80	9426	23698,—	23700	9480,—	9480
33=83/120	23848,67	23850	9540,—	9540	23987,—	23988	9595,20	9597
34=84/120	24136,—	24138	9655,20	9657	24276,—	24276	9710,40	9711
35=85/120	24423,33	24426	9770,40	9771	24565,—	24567	9826,80	9828
36=86/120	24710,67	24711	9884,40	9885	24854,—	24855	9942,—	9942
37=87/120	24998,—	24999	9999,60	10002	25143,—	25143	10057,20	10059
38=88/120	25285,33	25287	10114,80	10116	25432,—	25434	10173,60	10176
39=89/120	25572,67	25575	10230,—	10230	25721,—	25721	10288,40	10290
40=90/120	25860,—	25860	10344,—	10344	26010,—	26010	10404,—	10404

Volle Dienstjahre	Jahresbetrag des Ruhegehalts und des Witwengeldes bei einem Grundgehalt (und einem ruhegehaltsfähigen Ortszuschlag) von .... ℳ.							
	31 000		(4680)		31 400		(4680)	
	Ruhegehalt		Witwengeld		Ruhegehalt		Witwengeld	
	genau	rund	genau	rund	genau	rund	genau	rund
	ℳ	ℳ	ℳ	ℳ	ℳ	ℳ	ℳ	ℳ
10 = 20/60	11893,33	11895	4758,—	4758	12026,67	12027	4810,80	4812
11 = 21/60	12488,—	12489	4995,60	4998	12628,—	12630	5052,—	5052
12 = 22/60	13082,67	13083	5233,20	5235	13229,33	13230	5292,—	5292
13 = 23/60	13677,33	13680	5472,—	5472	13830,67	13833	5533,20	5535
14 = 24/60	14272,—	14274	5709,60	5712	14432,—	14433	5773,20	5775
15 = 25/60	14866,67	14868	5947,20	5949	15033,33	15036	6014,40	6015
16 = 26/60	15461,33	15462	6184,80	6186	15634,67	15636	6254,40	6255
17 = 27/60	16056,—	16056	6422,40	6423	16236,—	16236	6494,40	6495
18 = 28/60	16650,67	16653	6661,20	6663	16837,33	16839	6735,60	6738
19 = 29/60	17245,33	17247	6898,80	6900	17438,67	17439	6975,60	6978
20 = 30/60	17840,—	17841	7136,40	7137	18040,—	18042	7216,80	7218
21 = 31/60	18434,67	18435	7374,—	7374	18641,33	18642	7456,80	7458
22 = 32/60	19029,33	19032	7612,80	7614	19242,67	19245	7698,—	7698
23 = 33/60	19624,—	19626	7850,40	7851	19844,—	19845	7938,—	7938
24 = 34/60	20218,67	20220	8088,—	8088	20445,33	20448	8179,20	8181
25 = 35/60	20813,33	20814	8325,60	8328	21046,67	21048	8419,20	8421
26 = 36/60	21408,—	21408	8563,20	8565	21648,—	21648	8659,20	8661
27 = 37/60	22002,67	22005	8802,—	8802	22249,33	22251	8900,40	8901
28 = 38/60	22597,33	22599	9039,60	9042	22850,67	22851	9140,40	9141
29 = 39/60	23192,—	23193	9277,20	9279	23452,—	23454	9381,60	9384
30 = 40/60	23786,67	23787	9514,80	9516	24053,33	24054	9621,60	9624
31 = 81/120	24084,—	24084	9633,60	9636	24354,—	24354	9741,60	9744
32 = 82/120	24381,33	24384	9753,60	9756	24654,67	24657	9862,80	9864
33 = 83/120	24678,67	24681	9872,40	9873	24955,33	24957	9982,80	9984
34 = 84/120	24976,—	24978	9991,20	9993	25256,—	25257	10102,80	10104
35 = 85/120	25273,33	25275	10110,—	10110	25556,67	25557	10222,80	10224
36 = 86/120	25570,67	25572	10228,80	10230	25857,33	25860	10344,—	10344
37 = 87/120	25868,—	25869	10347,60	10350	26158,—	26160	10464,—	10464
38 = 88/120	26165,33	26166	10466,40	10467	26458,67	26460	10584,—	10584
39 = 89/120	26462,67	26463	10585,20	10587	26759,33	26760	10704,—	10704
40 = 90/120	26760,—	26760	10704,—	10704	27060,—	27060	10824,—	10824

Volle Dienstjahre	Jahresbetrag des Ruhegehalts und des Witwengeldes bei einem Grundgehalt (und einem ruhegehaltsfähigen Ortszuschlag) von .... ℳ.							
	32000		(4680)		33 000		(4680)	
	Ruhegehalt		Witwengeld		Ruhegehalt		Witwengeld	
	genau	rund	genau	rund	genau	rund	genau	rund
	ℳ	ℳ	ℳ	ℳ	ℳ	ℳ	ℳ	ℳ
10 = 20/60	12226,67	12228	4891,20	4893	12560,—	12561	5024,40	5025
11 = 21/60	12838,—	12840	5136,—	5136	13188,—	13188	5275,20	5277
12 = 22/60	13449,33	13452	5380,80	5382	13816,—	13818	5527,20	5529
13 = 23/60	14060,67	14061	5624,40	5625	14444,—	14445	5778,—	5778
14 = 24/60	14672,—	14673	5869,20	5871	15072,—	15072	6028,80	6030
15 = 25/60	15283,33	15285	6114,—	6114	15700,—	15702	6280,80	6282
16 = 26/60	15894,67	15897	6358,80	6360	16328,—	16329	6531,60	6534
17 = 27/60	16506,—	16506	6602,40	6603	16956,—	16956	6782,40	6783
18 = 28/60	17117,33	17118	6847,20	6849	17584,—	17586	7034,40	7035
19 = 29/60	17728,67	17730	7092,—	7092	18212,—	18213	7285,20	7287
20 = 30/60	18340,—	18342	7336,80	7338	18840,—	18840	7536,—	7536
21 = 31/60	18951,33	18954	7581,60	7584	19468,—	19470	7788,—	7788
22 = 32/60	19562,67	19563	7825,20	7827	20096,—	20097	8038,80	8040
23 = 33/60	20174,—	20175	8070,—	8070	20724,—	20724	8289,60	8292
24 = 34/60	20785,33	20787	8314,80	8316	21352,—	21354	8541,60	8544
25 = 35/60	21396,67	21399	8559,60	8562	21980,—	21981	8792,40	8793
26 = 36/60	22098,—	22008	8803,20	8805	22608,—	22608	9043,20	9045
27 = 37/60	22619,33	22620	9048,—	9048	23236,—	23238	9295,20	9297
28 = 38/60	23230,67	23232	9292,80	9294	23864,—	23865	9546,—	9546
29 = 39/60	23842,—	23844	9537,60	9540	24492,—	24492	9796,80	9798
30 = 40/60	24453,33	24456	9782,40	9783	25120,—	25122	10048,80	10050
31 = 81/120	24759,—	24759	9903,60	9906	25434,—	25434	10173,60	10176
32 = 82/120	25064,67	25065	10026,—	10026	25748,—	25749	10299,60	10302
33 = 83/120	25370,33	25371	10148,40	10149	26062,—	26064	10425,60	10428
34 = 84/120	25676,—	25677	10270,80	10272	26376,—	26376	10550,40	10551
35 = 85/120	25981,67	25983	10393,20	10395	26690,—	26691	10676,40	10677
36 = 86/120	26287,33	26289	10515,60	10518	27004,—	27006	10302,40	10803
37 = 87/120	26593,—	26595	10638,—	10638	27318,—	27318	10927,20	10929
38 = 88/120	26898,67	26901	10760,40	10761	27632,—	27633	11053,20	11055
39 = 89/120	27204,33	27207	10882,80	10884	27946,—	27948	11179,20	11181
40 = 90/120	27510,—	27510	11004,—	11004	28260,—	28260	11304,—	11304

Volle Dienstjahre	Jahresbetrag des Ruhegehalts und des Witwengeldes bei einem Grundgehalt (und einem ruhegehaltsfähigen Ortszuschlag) von ....ℳ.							
	34 000		(4680)		34 500		(4680)	
	Ruhegehalt		Witwengeld		Ruhegehalt		Witwengeld	
	genau	rund	genau	rund	genau	rund	genau	rund
	ℳ	ℳ	ℳ	ℳ	ℳ	ℳ	ℳ	ℳ
10 = 20/60	12893,33	12894	5157,60	5160	13060,—	13062	5224,80	5226
11 = 21/60	13538,—	13539	5415,60	5418	13713,—	13713	5485,20	5487
12 = 22/60	14182,67	14184	5673,60	5676	14366,—	14367	5746,80	5748
13 = 23/60	14827,33	14829	5931,60	5934	15019,—	15021	6008,40	6009
14 = 24/60	15472,—	15474	6189,60	6192	15672,—	15672	6268,80	6270
15 = 25/60	16116,67	16119	6447,60	6450	16325,—	16326	6530,40	6531
16 = 26/60	16761,33	16764	6705,60	6708	16978,—	16980	6792,—	6792
17 = 27/60	17406,—	17406	6962,40	6963	17631,—	17631	7052,40	7053
18 = 28/60	18050,67	18051	7220,40	7221	18284,—	18285	7314,—	7314
19 = 29/60	18695,33	18696	7478,40	7479	18937,—	18939	7575,60	7578
20 = 30/60	19340,—	19341	7736,40	7737	19590,—	19590	7836,—	7836
21 = 31/60	19984,67	19986	7994,40	7995	20243,—	20244	8097,60	8100
22 = 32/60	20629,33	20631	8252,40	8253	20896,—	20898	8359,20	8361
23 = 33/60	21274,—	21276	8510,40	8511	21549,—	21549	8619,60	8622
24 = 34/60	21918,67	21921	8768,40	8769	22202,—	22203	8881,20	8883
25 = 35/60	22563,33	22566	9026,40	9027	22855,—	22857	9142,80	9144
26 = 36/60	23208,—	23208	9283,20	9285	23508,—	23508	9403,20	9405
27 = 37/60	23852,67	23853	9541,20	9543	24161,—	24162	9664,80	9666
28 = 38/60	24497,33	24498	9799,20	9801	24814,—	24816	9926,40	9927
29 = 39/60	25142,—	25143	10057,20	10059	25467,—	25467	10186,80	10188
30 = 40/60	25786,67	25788	10315,20	10317	26120,—	26121	10448,40	10449
31 = 81/120	26109,—	26109	10443,60	10446	26446,50	26448	10579,20	10581
32 = 82/120	26431,33	26433	10573,20	10575	26773,—	26775	10710,—	10710
33 = 83/120	26753,67	26754	10701,60	10704	27099,50	27102	10840,80	10842
34 = 84/120	27076,—	27078	10831,20	10833	27426,—	27426	10970,40	10971
35 = 85/120	27398,33	27399	10959,60	10962	27752,50	27753	11101,20	11103
36 = 86/120	27720,67	27723	11089,20	11091	28079,—	28080	11232,—	11232
37 = 87/120	28043,—	28044	11217,60	11220	28405,50	28407	11362,80	11364
38 = 88/120	28365,33	28368	11347,20	11349	28732,—	28734	11493,60	11496
39 = 89/120	28687,67	28689	11475,60	11478	29058,50	29061	11624,40	11625
40 = 90/120	29010,—	29010	11604,—	11604	29385,—	29385	11754,—	11754

Volle Dienstjahre	Jahresbetrag des Ruhegehalts und des Witwengeldes bei einem Grundgehalt (und einem ruhegehaltsfähigen Ortszuschlag) von .... ℳ. 36000		(4680)		37000		(4680)	
	Ruhegehalt		Witwengeld		Ruhegehalt		Witwengeld	
	genau	rund	genau	rund	genau	rund	genau	rund
	ℳ	ℳ	ℳ	ℳ	ℳ	ℳ	ℳ	ℳ
10=20/60	13560,—	13560	5424,—	5424	13893,33	13896	5558,40	5559
11=21/60	14238,—	14238	5695,20	5697	14588,—	14589	5835,60	5838
12=22/60	14916,—	14916	5966,40	5967	15282,68	15285	6114,—	6114
13=23/60	15594,—	15594	6237,60	6240	15977,33	15978	6391,20	6393
14=24/60	16272,—	16272	6508,80	6510	16672,—	16674	6669,60	6672
15=25/60	16950,—	16950	6780,—	6780	17366,67	17367	6946,80	6948
16=26/60	17628,—	17628	7051,20	7053	18061,33	18063	7225,20	7227
17=27/60	18306,—	18306	7322,40	7323	18756,—	18756	7502,40	7503
18=28/60	18984,—	18984	7593,60	7596	19450,67	19452	7780,80	7782
19=29/60	19662,—	19662	7864,80	7866	20145,33	20148	8059,20	8061
20=30/60	20340,—	20340	8136,—	8136	20840,—	20841	8336,40	8337
21=31/60	21018,—	21018	8407,20	8409	21534,67	21537	8614,80	8616
22=32/60	21696,—	21696	8678,40	8679	22229,33	22230	8892,—	8892
23=33/60	22374,—	22374	8949,60	8952	22924,—	22926	9170,40	9171
24=34/60	23052,—	23052	9220,80	9222	23618,68	23619	9447,60	9450
25=35/60	23730,—	23730	9492,—	9492	24313,33	24315	9726,—	9726
26=36/60	24408,—	24408	9763,20	9765	25008,—	25008	10003,20	10005
27=37/60	25086,—	25086	10034,40	10035	25702,67	25704	10281,60	10284
28=38/60	25764,—	25764	10305,60	10308	26397,33	26400	10560,—	10560
29=39/60	26442,—	26442	10576,80	10578	27092,—	27093	10837,20	10839
30=40/60	27120,—	27120	10848,—	10848	27786,67	27789	11115,60	11118
31=81/120	27459,—	27459	10983,60	10986	28134,—	28134	11253,60	11256
32=82/120	27798,—	27798	11119,20	11121	28481,33	28482	11392,80	11394
33=83/120	28137,—	28137	11254,80	11256	28828,67	28830	11532,—	11532
34=84/120	28476,—	28476	11390,40	11391	29176,—	29178	11671,20	11673
35=85/120	28815,—	28815	11526,—	11526	29523,33	29526	11810,40	11811
36=86/120	29154,—	29154	11661,60	11664	29870,67	29871	11948,40	11949
37=87/120	29493,—	29493	11797,20	11799	30218,—	30219	12087,60	12090
38=88/120	29832,—	29832	11932,80	11934	30565,33	30567	12226,80	12228
39=89/120	30171,—	30171	12068,40	12069	30912,67	30915	12366,—	12366
40=90/120	30510,—	30510	12204,—	12204	31260,—	31260	12504,—	12504

Volle Dienstjahre	Jahresbetrag des Ruhegehalts und des Witwengeldes bei einem Grundgehalt (und einem ruhegehaltsfähigen Ortszuschlag) von ....ℳ.							
	38 000		(4680)		39 500		(4680)	
	Ruhegehalt		Witwengeld		Ruhegehalt		Witwengeld	
	genau	rund	genau	rund	genau	rund	genau	rund
	ℳ	ℳ	ℳ	ℳ	ℳ	ℳ	ℳ	ℳ
10 = 20/60	14226,67	14229	5691,60	5694	14726,67	14727	5890,80	5892
11 = 21/60	14938,—	14940	5976,—	5976	15463,—	15465	6186,—	6186
12 = 22/60	15649,33	15651	6260,40	6261	16199,33	16200	6480,—	6480
13 = 23/60	16360,67	16362	6544,80	6546	16935,67	16938	6775,20	6777
14 = 24/60	17072,—	17073	6829,20	6831	17672,—	17673	7069,20	7071
15 = 25/60	17783,33	17784	7113,60	7116	18408,33	18411	7364,40	7365
16 = 26/60	18494,67	18495	7398,—	7398	19144,67	19146	7658,40	7659
17 = 27/60	19206,—	19206	7682,40	7683	19881,—	19881	7952,40	7953
18 = 28/60	19917,33	19920	7968,—	7968	20617,33	20619	8247,60	8250
19 = 29/60	20628,67	20631	8252,40	8253	21353,67	21357	8542,80	8544
20 = 30/60	21340,—	21342	8536,80	8538	22090,—	22092	8836,80	8838
21 = 31/60	22051,33	22053	8821,20	8823	22826,33	22827	9130,80	9132
22 = 32/60	22762,67	22764	9105,60	9108	23562,67	23565	9426,—	9426
23 = 33/60	23474,—	23475	9390,—	9390	24299,—	24300	9720,—	9720
24 = 34/60	24185,33	24186	9674,40	9675	25035,33	25038	10015,20	10017
25 = 35/60	24896,67	24897	9958,80	9960	25771,67	25773	10309,20	10311
26 = 36/60	25608,—	25608	10243,20	10245	26508,—	26508	10603,20	10605
27 = 37/60	26319,33	26322	10528,80	10530	27244,33	27246	10898,40	10899
28 = 38/60	27030,67	27033	10813,20	10815	27980,67	27981	11192,40	11193
29 = 39/60	27742,—	27744	11097,60	11100	28717,—	28719	11487,60	11490
30 = 40/60	28453,33	28455	11382,—	11382	29453,33	29454	11781,60	11784
31 = 81/120	28809,—	28809	11523,60	11526	29821,50	29823	11929,20	11931
32 = 82/120	29164,67	29166	11666,40	11667	30189,67	30192	12076,80	12078
33 = 83/120	29520,33	29523	11809,20	11811	30557,83	30558	12223,20	12225
34 = 84/120	29876,—	29877	11950,80	11952	30926,—	30927	12370,80	12372
35 = 85/120	30231,67	30234	12093,60	12096	31294,17	31296	12518,40	12519
36 = 86/120	30587,33	30588	12235,20	12237	31662,33	31665	12666,—	12666
37 = 87/120	30943,—	30945	12378,—	12378	32030,50	32031	12812,40	12813
38 = 88/120	31298,67	31299	12519,60	12522	32398,67	32400	12960,—	12960
39 = 89/120	31654,33	31656	12662,40	12663	32766,83	32769	13107,60	13110
40 = 90/120	32010,—	32010	12804,—	12804	33135,—	33135	13254,—	13254

Volle Dienstjahre	Jahresbetrag des Ruhegehalts und des Witwengeldes bei einem Grundgehalt (und einem ruhegehaltsfähigen Ortszuschlag) von ..... ℳ.							
	40000		(4680)		42 000		(5260)	
	Ruhegehalt		Witwengeld		Ruhegehalt		Witwengeld	
	genau	rund	genau	rund	genau	rund	genau	rund
	ℳ	ℳ	ℳ	ℳ	ℳ	ℳ	ℳ	ℳ
$10={}^{20}/_{60}$	14893,33	14895	5958,—	5958	15733,33	15735	6294,—	6294
$11={}^{21}/_{60}$	15638,—	15639	6255,60	6258	16520,—	16521	6608,40	6609
$12={}^{22}/_{60}$	16382,67	16383	6553,20	6555	17306,67	17307	6922,80	6924
$13={}^{23}/_{60}$	17127,33	17130	6852,—	6852	18093,33	18096	7238,40	7239
$14={}^{24}/_{60}$	17872,—	17874	7149,60	7152	18880,—	18882	7552,80	7554
$15={}^{25}/_{60}$	18616,67	18618	7447,20	7449	19666,67	19668	7867,20	7869
$16={}^{26}/_{60}$	19361,33	19362	7744,80	7746	20453,33	20454	8181,60	8184
$17={}^{27}/_{60}$	20106,—	20106	8042,40	8043	21240,—	21240	8496,—	8496
$18={}^{28}/_{60}$	20850,67	20853	8341,20	8343	22026,67	22029	8811,60	8814
$19={}^{29}/_{60}$	21595,33	21597	8638,80	8640	22813,33	22815	9126,—	9126
$20={}^{30}/_{60}$	22340,—	22341	8936,40	8937	23600,—	23601	9440,40	9441
$21={}^{31}/_{60}$	23084,67	23085	9234,—	9234	24386,67	24387	9754,80	9756
$22={}^{32}/_{60}$	23829,33	23832	9532,80	9534	25173,33	25176	10070,40	10071
$23={}^{33}/_{60}$	24574,—	24576	9830,40	9831	25960,—	25962	10384,80	10386
$24={}^{34}/_{60}$	25318,67	25320	10128,—	10128	26746,67	26748	10699,20	10701
$25={}^{35}/_{60}$	26063,33	26064	10425,60	10428	27533,33	27534	11013,60	11016
$26={}^{36}/_{60}$	26808,—	26808	10723,20	10725	28320,—	28320	11328,—	11328
$27={}^{37}/_{60}$	27552,67	27555	11022,—	11022	29106,67	29109	11643,60	11646
$28={}^{38}/_{60}$	28297,33	28299	11319,60	11322	29893,33	29895	11958,—	11958
$29={}^{39}/_{60}$	29042,—	29043	11617,20	11619	30680,—	30681	12272,40	12273
$30={}^{40}/_{60}$	29786,67	29787	11914,80	11916	31466,67	31467	12586,80	12588
$31={}^{81}/_{120}$	30159,—	30159	12063,60	12066	31860,—	31860	12744,—	12744
$32={}^{82}/_{120}$	30531,33	30534	12213,60	12216	32253,33	32256	12902,40	12903
$33={}^{83}/_{120}$	30903,67	30906	12362,40	12363	32646,67	32649	13059,60	13062
$34={}^{84}/_{120}$	31276,—	31278	12511,20	12513	33040,—	33042	13216,80	13218
$35={}^{85}/_{120}$	31648,33	31650	12660,—	12660	33433,33	33435	13374,—	13374
$36={}^{86}/_{120}$	32020,67	32022	12808,80	12810	33826,67	33828	13531,20	13533
$37={}^{87}/_{120}$	32393,—	32394	12957,60	12960	34220,—	34221	13688,40	13689
$38={}^{88}/_{120}$	32765,33	32766	13106,40	13107	34613,33	34614	13845,60	13848
$39={}^{89}/_{120}$	33137,67	33138	13255,20	13257	35006,67	35007	14002,80	14004
$40={}^{90}/_{120}$	33510,—	33510	13404,—	13404	35400,—	35400	14160,—	14160

Volle Dienstjahre	Jahresbetrag des Ruhegehalts und des Witwengeldes bei einem Grundgehalt (und einem ruhegehaltsfähigen Ortszuschlag) von .... M.							
	44 000		(5200)		46 000		(5200)	
	Ruhegehalt		Witwengeld		Ruhegehalt		Witwengeld	
	genau	rund	genau	rund	genau	rund	genau	rund
	M	M	M	M	M	M	M	M
10 = 20/60	16400,—	16401	6560,40	6561	17066,67	17067	6826,80	6828
11 = 21/60	17220,—	17220	6888,—	6888	17920,—	17922	7168,80	7170
12 = 22/60	18040,—	18042	7216,80	7218	18773,33	18774	7509,60	7512
13 = 23/60	18860,—	18861	7544,40	7565	19626,67	19629	7851,60	7854
14 = 24/60	19680,—	19680	7872,—	7872	20480,—	20481	8192,40	8193
15 = 25/60	20500,—	20502	8200,80	8202	21333,33	21336	8534,40	8535
16 = 26/60	21320,—	21321	8528,40	8529	22186,67	22188	8875,20	8877
17 = 27/60	22140,—	22140	8856,—	8856	23040,—	23040	9216,—	9216
18 = 28/60	22960,—	22962	9184,80	9186	23893,33	23895	9558,—	9558
19 = 29/60	23780,—	23781	9512,40	9513	24746,67	24747	9898,80	9900
20 = 30/60	24600,—	24600	9840,—	9840	25600,—	25602	10240,80	10242
21 = 31/60	25420,—	25422	10168,80	10170	26453,33	26454	10581,60	10584
22 = 32/60	26240,—	26241	10496,40	10497	27306,67	27309	10923,60	10926
23 = 33/60	27060,—	27060	10824,—	10824	28160,—	28161	11264,40	11265
24 = 34/60	27880,—	27882	11152,80	11154	29013,33	29016	11606,40	11607
25 = 35/60	28700,—	28701	11480,40	11481	29866,67	29868	11947,20	11949
26 = 36/60	29520,—	29520	11808,—	11808	30720,—	30720	12288,—	12288
27 = 37/60	30340,—	30342	12136,80	12138	31573,33	31575	12630,—	12630
28 = 38/60	31160,—	31161	12464,40	12465	32426,67	32427	12970,80	12972
29 = 39/60	31980,—	31980	12792,—	12793	33280,—	33282	13312,80	13314
30 = 40/60	32800,—	32802	13120,80	13122	34133,33	34134	13653,60	13656
31 = 81/120	33210,—	33210	13284,—	13284	34560,—	34560	13824,—	13824
32 = 82/120	33620,—	33621	13448,40	13449	34986,67	34989	13995,60	13998
33 = 83/120	34030,—	34032	13612,80	13614	35413,33	35415	14166,—	14166
34 = 84/120	34440,—	34440	13776,—	13776	35840,—	35841	14336,40	14337
35 = 85/120	34850,—	34851	13940,40	13941	36266,67	36267	14506,80	14508
36 = 86/120	35260,—	35262	14104,80	14106	36693,33	36696	14678,40	14679
37 = 87/120	35670,—	35670	14268,—	14268	37120,—	37122	14848,80	14850
38 = 88/120	36080,—	36081	14432,40	14433	37546,67	37548	15019,20	15021
39 = 89/120	36490,-	36492	14596,80	14598	37973,33	37974	15189,60	15192
40 = 90/120	36900,—	36900	14760,—	14760	38400,—	38400	15360,—	15342

Volle Dienstjahre	Jahresbetrag des Ruhegehalts und des Witwengeldes bei einem Grundgehalt (und einem ruhegehaltsfähigen Ortszuschlag) von ....ℳ.							
	48 000		(5200)		51 000		(5200)	
	Ruhegehalt		Witwengeld		Ruhegehalt		Witwengeld	
	genau	rund	genau	rund	genau	rund	genau	rund
	ℳ	ℳ	ℳ	ℳ	ℳ	ℳ	ℳ	ℳ
10 = 20/60	17733,33	17736	7094,40	7095	18733,33	18735	7494,—	7494
11 = 21/60	18620,—	18621	7448,40	7449	19670,—	19671	7868,40	7869
12 = 22/60	19506,67	19509	7803,60	7806	20606,67	20607	8242,80	8244
13 = 23/60	20393,33	20394	8157,60	8160	21543,33	21546	8618,40	8619
14 = 24/60	21280,—	21282	8512,80	8514	22480,—	22482	8992,80	8994
15 = 25/60	22166,67	22167	8866,80	8868	23416,67	23418	9367,20	9369
16 = 26/60	23053,33	23055	9222,—	9222	24353,33	24354	9741,60	9744
17 = 27/60	23940,—	23940	9576,—	9576	25290,—	25290	10116,—	10116
18 = 28/60	24826,67	24828	9931,20	9933	26226,67	26229	10491,60	10494
19 = 29/60	25713,33	25716	10286,40	10287	27163,33	27165	10866,—	10866
20 = 30/60	26600,—	26601	10640,40	10644	28100,40	28101	11240,40	11241
21 = 31/60	27486,67	27489	10995,60	10998	29036,67	29037	11614,80	11616
22 = 32/60	28373,33	28374	11349,60	11352	29973,33	29976	11990,40	11991
23 = 33/60	29260,—	29262	11704,80	11706	30910,—	30912	12364,80	12366
24 = 34/60	30146,67	30147	12058,80	12060	31846,67	31848	12739,20	12741
25 = 35/60	31033,33	31035	12414,—	12414	32783,33	32784	13113,60	13116
26 = 36/60	31920,—	31920	12768,—	12768	33720,—	33720	13488,—	13488
27 = 37/60	32806,67	32808	13123,20	13125	34656,67	34659	13863,60	13866
28 = 38/60	33693,33	33696	13478,40	13479	35593,33	35595	14238,—	14238
29 = 39/60	34580,—	34581	13832,40	13833	36530,—	36531	14612,40	14613
30 = 40/60	35466,67	35469	14187,60	14190	37466,67	37467	14986,80	14988
31 = 81/120	35910,—	35910	14364,—	14364	37935,—	37935	15174,—	15174
32 = 82/120	36353,33	36354	14541,60	14544	38403,33	38406	15362,40	15363
33 = 83/120	36796,67	36798	14719,20	14721	38871,67	38874	15549,60	15552
34 = 84/120	37240,—	37242	14896,80	14898	39340,—	39342	15736,80	15738
35 = 85/120	37683,33	37686	15074,40	15075	39808,33	39810	15924,—	15924
36 = 86/120	38126,67	38127	15250,80	15252	40276,67	40278	16111,20	16113
37 = 87/120	38570,—	38571	15428,40	15429	40745,—	40746	16298,40	16299
38 = 88/120	39013,33	39015	15606,—	15606	41213,33	41214	16485,60	16488
39 = 89/120	39456,67	39459	15783,60	15786	41681,67	41682	16672,80	16674
40 = 90/120	39900,—	39900	15960,—	15960	42150,—	42150	16860,—	16860

Volle Dienstjahre	Jahresbetrag des Ruhegehalts und des Witwengeldes bei einem Grundgehalt (und einem ruhegehaltsfähigen Ortszuschlag) von ....ℳ.							
	53 000		(5200)		54 000		(5200)	
	Ruhegehalt		Witwengeld		Ruhegehalt		Witwengeld	
	genau	rund	genau	rund	genau	rund	genau	rund
	ℳ	ℳ	ℳ	ℳ	ℳ	ℳ	ℳ	ℳ
10 = 20/60	19400,—	19401	7760,40	7770	19733,33	19734	7893,60	7896
11 = 21/60	20370,—	20370	8148,—	8148	20720,—	20721	8288,40	8289
12 = 22/60	21340,—	21342	8536,80	8538	21706,67	21708	8683,20	8685
13 = 23/60	22310,—	22311	8924,40	8925	22693,33	22695	9078,—	9078
14 = 24/60	23280,—	23280	9312,—	9312	23680,—	23682	9472,80	9474
15 = 25/60	24250,—	24252	9700,80	9702	24666,67	24669	9867,60	9870
16 = 26/60	25220,—	25221	10088,40	10089	25653,33	25656	10262,40	10263
17 = 27/60	26190,—	26190	10476,—	10476	26640,—	26640	10656,—	10656
18 = 28/60	27160,—	27162	10864,80	10866	27626,67	27627	11050,80	11052
19 = 29/60	28130,—	28131	11252,40	11253	28613,33	28614	11445,60	11448
20 = 30/60	29100,—	29100	11640,—	11640	29600,—	29601	11840,40	11841
21 = 31/60	30070,—	30072	12028,80	12030	30586,67	30588	12235,20	12237
22 = 32/60	31040,—	31041	12416,40	12417	31573,33	31575	12630,—	12630
23 = 33/60	32010,—	32010	12804,—	12804	32560,—	32562	13024,80	13026
24 = 34/60	32980,—	32982	13192,80	13194	33546,67	33549	13419,60	13422
25 = 35/60	33950,—	33951	13580,40	13581	34533,33	34536	13814,40	13815
26 = 36/60	34920,—	34920	13968,—	13968	35520,—	35520	14208,—	14208
27 = 37/60	35890,—	35892	14356,80	14358	36506,67	36507	14602,80	14604
28 = 38/60	36860,—	36861	14744,40	14748	37493,33	37494	14997,60	15000
29 = 39/60	37830,—	37830	15132,—	15132	38480,—	38481	15392,40	15393
30 = 40/60	38800,—	38802	15520,80	15522	39466,67	39468	15787,20	15789
31 = 81/120	39285,—	39285	15714,—	15714	39960,—	39960	15984,—	15984
32 = 82/120	39770,—	39771	15908,40	15909	40453,33	40455	16182,—	16182
33 = 83/120	40255,—	40257	16102,80	16104	40946,67	40947	16378,80	16380
34 = 84/120	40740,—	40740	16296,—	16296	41440,—	41442	16576,80	16578
35 = 85/120	41225,—	41226	16490,40	16491	41933,33	41934	16773,60	16776
36 = 86/120	41710,—	41712	16684,80	16686	42426,67	42429	16971,60	16974
37 = 87/120	42195,—	42195	16878,—	16878	42920,—	42921	17168,40	17169
38 = 88/120	42680,—	42681	17072,40	17073	43413,33	43416	17366,40	17367
39 = 89/120	43165,—	43167	17266,80	17268	43906,67	43908	17563,20	17565
40 = 90/120	43650,—	43650	17460,—	17460	44400,—	44400	17760,—	17760

Volle Dienstjahre	Jahresbetrag des Ruhegehalts und des Witwengeldes bei einem Grundgehalt (und einem ruhegehaltsfähigen Ortszuschlag) von ....ℳ.							
	57 000		(5200)		60 000		(5200)	
	Ruhegehalt		Witwengeld		Ruhegehalt		Witwengeld	
	genau	rund	genau	rund	genau	rund	genau	rund
	ℳ	ℳ	ℳ	ℳ	ℳ	ℳ	ℳ	ℳ
10 = 20/60	20733,33	20736	8294,40	8295	21733,33	21735	8694,—	8694
11 = 21/60	21770,—	21771	8708,40	8709	22820,—	22821	9128,40	9129
12 = 22/60	22806,67	22809	9123,60	9126	23906,67	23907	9562,80	9564
13 = 23/60	23843,33	23844	9537,60	9540	24993,33	24996	9998,40	9999
14 = 24/60	24880,—	24882	9952,80	9954	26080,—	26082	10432,80	10434
15 = 25/60	25916,67	25917	10366,80	10368	27166,67	27168	10867,20	10869
16 = 26/60	26953,33	26955	10782,—	10782	28253,33	28254	11301,60	11304
17 = 27/60	27990,—	27990	11196,—	11196	29340,—	29340	11736,—	11736
18 = 28/60	29026,67	29028	11611,20	11613	30426,67	30429	12171,60	12174
19 = 29/60	30063,33	30066	12026,40	12027	31513,33	31515	12606,—	12606
20 = 30/60	31100,—	31101	12440,40	12441	32600,—	32601	13040,40	13041
21 = 31/60	32136,67	32139	12855,60	12858	33686,67	33687	13474,80	13476
22 = 32/60	33173,33	33174	13269,60	13272	34773,33	34776	13910,40	13911
23 = 33/60	34210,—	34212	13684,80	13686	35860,—	35862	14344,80	14346
24 = 34/60	35246,67	35247	14098,80	14100	36946,67	36948	14779,20	14781
25 = 35/60	36283,33	36285	14514,—	14514	38033,33	38034	15213,60	15216
26 = 36/60	37320,—	37320	14928,—	14928	39120,—	39120	15648,—	15648
27 = 37/60	38356,67	38358	15343,20	15345	40206,67	40209	16083,60	16086
28 = 38/60	39393,33	39396	15758,40	15759	41293,33	41295	16518,—	16518
29 = 39/60	40430,—	40431	16172,40	16173	42380,—	42381	16952,40	16953
30 = 40/60	41466,67	41469	16587,60	16590	43466,67	43467	17386,80	17388
31 = 81/120	41985,—	41985	16794,—	16794	44010,—	44010	17604,—	17604
32 = 82/120	42503,33	42504	17001,60	17004	44553,33	44556	17822,40	17823
33 = 83/120	43021,67	43023	17209,20	17211	45096,67	45099	18039,60	18042
34 = 84/120	43540,—	43542	17416,80	17418	45640,—	45642	18256,80	18258
35 = 85/120	44058,33	44061	17624,40	17625	46183,33	46185	18474,—	18474
36 = 86/120	44576,67	44577	17830,80	17832	46726,67	46728	18691,20	18693
37 = 87/120	45095,—	45096	18038,40	18039	47270,—	47271	18908,40	18909
38 = 88/120	45613,33	45615	18246,—	18246	47813,33	47814	19125,60	19128
39 = 89/120	46131,67	46134	18453,60	18456	48356,67	48357	19342,80	19344
40 = 90/120	46650,—	46650	18660,—	18660	48900,—	48900	19560,—	19560

Volle Dienstjahre	Jahresbetrag des Ruhegehalts und des Witwengeldes bei einem Grundgehalt (und einem ruhegehaltsfähigen Ortszuschlag) von ....M. 67 000		(5200)		74 000		(5200)	
	Ruhegehalt		Witwengeld		Ruhegehalt		Witwengeld	
	genau	rund	genau	rund	genau	rund	genau	rund
	M	M	M	M	M	M	M	M
10 = $^{20}/_{60}$	24066,67	24069	9627,60	9630	26400,—	26400	10560,—	10560
11 = $^{21}/_{60}$	25270,—	25272	10108,80	10110	27720,—	27720	11088,—	11088
12 = $^{22}/_{60}$	26473,33	26475	10590,—	10590	29040,—	29040	11616,—	11616
13 = $^{23}/_{60}$	27676,67	27678	11071,20	11073	30360,—	30360	12144,—	12144
14 = $^{24}/_{60}$	28880,—	28881	11552,40	11553	31680,—	31680	12672,—	12672
15 = $^{25}/_{60}$	30083,33	30084	12033,60	12036	33000,—	33000	13200,—	13200
16 = $^{26}/_{60}$	31286,67	31287	12514,80	12516	34320,—	34320	13728,—	13728
17 = $^{27}/_{60}$	32490,—	32490	12996,—	12996	35640,—	35640	14256,—	14256
18 = $^{28}/_{60}$	33693,33	33696	13478,40	13479	36960,—	36960	14784,—	14784
19 = $^{29}/_{60}$	34896,67	34899	13959,60	13962	38280,—	38280	15312,—	15312
20 = $^{30}/_{60}$	36100,—	36102	14440,80	14442	39600,—	39600	15840,—	15840
21 = $^{31}/_{60}$	37303,33	37305	14922,—	14922	40920,—	40920	16368,—	16368
22 = $^{32}/_{60}$	38506,67	38508	15403,20	15405	42240,—	42240	16896,—	16896
23 = $^{33}/_{60}$	39710,—	39711	15884,40	15885	43560,—	43560	17424,—	17424
24 = $^{34}/_{60}$	40913,33	40914	16365,60	16368	44880,—	44880	17952,—	17952
25 = $^{35}/_{60}$	42116,67	42117	16846,80	16848	46200,—	46200	18480,—	18480
26 = $^{36}/_{60}$	43320,—	43320	17328,—	17328	47520,—	47520	19008,—	19008
27 = $^{37}/_{60}$	44523,33	44526	17810,40	17811	48840,—	48840	19536,—	19536
28 = $^{38}/_{60}$	45726,67	45729	18291,60	18294	50160,—	50160	20064,—	20064
29 = $^{39}/_{60}$	46930,—	46932	18772,80	18774	51480,—	51480	20592,—	20592
30 = $^{40}/_{60}$	48133,33	48135	19254,—	19254	52800,—	52800	21120,—	21120
31 = $^{81}/_{120}$	48735,—	48735	19494,—	19494	53460,—	53460	21384,—	21384
32 = $^{82}/_{120}$	49336,67	49338	19735,20	19737	54120,—	54120	21648,—	21648
33 = $^{83}/_{120}$	49938,33	49941	19976,40	19977	54780,—	54780	21912,—	21912
34 = $^{84}/_{120}$	50540,—	50541	20216,40	20217	55440,—	55440	22176,—	22176
35 = $^{85}/_{120}$	51141,67	51144	20457,60	20460	56100,—	56100	22440,—	22440
36 = $^{86}/_{120}$	51743,33	51744	20697,60	20700	56760,—	56760	22704,—	22704
37 = $^{87}/_{120}$	52345,—	52347	20938,80	20940	57420,—	57420	22968,—	22968
38 = $^{88}/_{120}$	52946,67	52947	21178,80	21180	58080,—	58080	23232,—	23232
39 = $^{89}/_{120}$	53548,33	53550	21420,—	21420	58740,—	58740	23496,—	23496
40 = $^{90}/_{120}$	54150,—	54150	21660,—	21660	59400,—	59400	23760,—	23760

Volle Dienstjahre	Jahresbetrag des Ruhegehalts und des Witwengeldes bei einem Grundgehalt (und einem ruhegehaltsfähigen Ortszuschlag) von .... ℳ.							
	80 000		(5200)		90 000		(5200)	
	Ruhegehalt		Witwengeld		Ruhegehalt		Witwengeld	
	genau	rund	genau	rund	genau	rund	genau	rund
	ℳ	ℳ	ℳ	ℳ	ℳ	ℳ	ℳ	ℳ
10 = 20/60	28400,—	28401	11360,40	11361	31733,33	31734	12693,60	12696
11 = 21/60	29820,—	29820	11928,—	11928	33320,—	33321	13328,40	13329
12 = 22/60	31240,—	31242	12496,80	12499	34906,67	34908	13963,20	13965
13 = 23/60	32660,—	32661	13064,40	13065	36493,33	36495	14598,—	14598
14 = 24/60	34080,—	34080	13632,—	13632	38080,—	38082	15232,80	15234
15 = 25/60	35500,—	35502	14200,80	14202	39666,67	39669	15867,60	15870
16 = 26/60	36920,—	36921	14768,40	14769	41253,33	41256	16502,40	16503
17 = 27/60	38340,—	38340	15336,—	15336	42840,—	42840	17136,—	17136
18 = 28/60	39760,—	39762	15904,80	15906	44426,67	44427	17770,80	17772
19 = 29/60	41180,—	41181	16472,40	16473	46013,33	46014	18405,60	18408
20 = 30/60	42600,—	42600	17040,—	17040	47600,—	47601	19040,40	19041
21 = 31/60	44020,—	44022	17608,80	17610	48186,67	49188	19675,20	19677
22 = 32/60	45440,—	45441	18176,40	18177	50773,33	50775	20310,—	20310
23 = 33/60	46860,—	46860	18744,—	18744	52360,—	52362	20944,80	20946
24 = 34/60	48280,—	48282	19312,80	19314	53946,67	53949	21579,60	21582
25 = 35/60	49700,—	49701	19880,40	19881	55533,33	55536	22214,40	22215
26 = 36/60	51120,—	51120	20448,—	20448	57120,—	57120	22848,—	22848
27 = 37/60	52540,—	52542	21016,80	21018	58706,67	58707	23482,80	23483
28 = 38/60	53960,—	53961	21584,40	21585	60293,33	60294	24117,60	24120
29 = 39/60	55380,—	55380	22152,—	22152	61880,—	61881	24752,40	24753
30 = 40/60	56800,—	56802	22720,80	22721	63466,67	63468	25387,20	25389
31 = 81/120	57510,—	57510	23004,—	23004	64260,—	64260	25704,—	25704
32 = 82/120	58220,—	58221	23288,40	23292	65053,33	65055	26022,—	26022
33 = 83/120	58930,—	58932	23572,80	23574	65846,67	65847	26338,80	26340
34 = 84/120	59640,—	59640	23856,—	23856	66640,—	66642	26656,80	26658
35 = 85/120	60350,—	60351	24140,40	24141	67433,33	67434	26973,60	26974
36 = 86/120	61060,—	61062	24424,80	24426	68226,67	68229	27291,60	27294
37 = 87/120	61770,—	61770	24708,—	24708	69020,—	69021	27608,40	27609
38 = 88/120	62480,—	62481	24992,40	24993	69813,33	69816	27926,40	27927
39 = 89/120	63190,—	63192	25276,80	25278	70606,67	70608	28000,—	28000
40 = 90/120	63900,—	63900	25560,—	25560	71400,—	71400	28000,—	28000

Volle Dienstjahre	Jahresbetrag des Ruhegehalts und des Witwengeldes bei einem Grundgehalt (und einem ruhegehaltsfähigen Ortszuschlag) von .... ℳ.							
	105 000		(5200)		110 000		(5200)	
	Ruhegehalt		Witwengeld		Ruhegehalt		Witwengeld	
	genau	rund	genau	rund	genau	rund	genau	rund
	ℳ	ℳ	ℳ	ℳ	ℳ	ℳ	ℳ	ℳ
10 = 20/60	36733,33	36735	14694,—	14694	38400,—	38400	15360,—	15360
11 = 21/60	38570,—	38571	15428,40	15429	40320,—	40320	17128,—	16128
12 = 22/60	40406,67	40407	16162,80	16164	42240,—	42240	16896,—	16896
13 = 23/60	42243,33	42246	16898,40	16899	44160,—	44160	17664,—	17664
14 = 24/60	44080,—	44082	17632,80	17634	46080,—	46080	18432,—	18432
15 = 25/60	45916,67	45918	18367,20	18369	48000,—	48000	19200,—	19200
16 = 26/60	47753,33	47754	19101,60	19104	49920,—	49920	19968,—	19968
17 = 27/60	49590,—	49590	19836,—	19836	51840,—	51840	20736,—	20736
18 = 28/60	51426,67	51429	20571,60	20574	53760,—	53760	21504,—	21504
19 = 29/60	53263,33	53265	21306,—	21306	55680,—	55680	22272,—	22272
20 = 30/60	55100,—	55101	22040,40	22041	57600,—	57600	28040,—	23040
21 = 31/60	56936,67	56937	22774,80	22776	59520,—	59520	23808,—	23808
22 = 32/60	58773,33	58776	23510,40	23511	61440,—	61440	24576,—	24576
23 = 33/60	60610,—	60612	24244,80	24246	63360,—	63360	25344,—	25344
24 = 34/60	62446,67	62448	24979,20	24981	65280,—	65280	26112,—	26112
25 = 35/60	64283,33	64284	25713,60	25716	67200,—	67200	26880,—	26880
26 = 36/60	66120,—	66120	26448,—	26448	69120,—	69120	27648,—	27648
27 = 37/60	67956,67	67959	27183,60	27186	71040,—	71040	28000,—	28000
28 = 38/60	69793,33	69795	27918,—	27918	72960,—	72960	28000,—	28000
29 = 39/60	71630,—	71631	28000,—	28000	74880,—	74880	28000,—	28000
30 = 40/60	73466,67	73467	28000,—	28000	76800,—	76800	28000,—	28000
31 = 81/120	74385,—	74385	28000,—	28000	77760,—	77760	28000,—	28000
32 = 82/120	75303,33	75306	28000,—	28000	78720,—	78720	28000,—	28000
33 = 83/120	76221,67	76224	28000,—	28000	79680,—	79680	28000,—	28000
34 = 84/120	77140,—	77142	28000,—	28000	80640,—	80640	28000,—	28000
35 = 85/120	78058,33	78060	28000,—	28000	81600,—	81600	28000,—	28000
36 = 86/120	78976,67	78978	28000,—	28000	82560,—	82560	28000,—	28000
37 = 87/120	79895,—	79896	28000,—	28000	83520,—	83520	28000,—	28000
38 = 88/120	80813,33	80814	28000,—	28000	84480,—	84480	28000,—	28000
39 = 89/120	81731,67	81732	28000,—	28000	85440,—	85440	28000,—	28000
40 = 90/120	82650,—	82650	28000,—	28000	86400,—	86400	28000,—	28000

Volle Dienstjahre	Jahresbetrag des Ruhegehalts und des Witwengeldes bei einem Grundgehalt (und einem ruhegehaltsfähigen Ortszuschlag) von ....ℳ.							
	140 000		(5200)		180 000		(5200)	
	Ruhegehalt		Witwengeld		Ruhegehalt		Witwengeld	
	genau	rund	genau	genau	genau	rund	genau	rund
	ℳ	ℳ	ℳ	ℳ	ℳ	ℳ	ℳ	ℳ
10=$^{20}/_{60}$	48400,—	48402	19360,80	19362	61733,33	61734	24693,60	24696
11=$^{21}/_{60}$	50820,—	50820	20328,—	20328	64820,—	64821	25928,40	25929
12=$^{22}/_{60}$	53240,—	53241	21296,40	21297	67906,67	67908	27163,20	27165
13=$^{23}/_{60}$	55660,—	55662	22264,80	22266	70993,33	70995	28000,—	28000
14=$^{24}/_{60}$	58080,—	58080	23232,—	23232	74080,—	74082	28000,—	28000
15=$^{25}/_{60}$	60500,—	60501	24200,—	24201	77166,67	77169	28000,—	28000
16=$^{26}/_{60}$	62920,—	62922	25168,80	25170	80253,33	80256	28000,—	28000
17=$^{27}/_{60}$	65340,—	65340	26136,—	26136	83340,—	83340	28000,—	28000
18=$^{28}/_{60}$	67760,—	67761	27104,40	27105	86426,67	86427	28000,—	28000
19=$^{29}/_{60}$	70180,—	70182	28000,—	28000	89513,33	89514	28000,—	28000
20=$^{30}/_{60}$	72600,—	72600	28000,—	28000	92600,—	92601	28000,—	28000
21=$^{31}/_{60}$	75020,—	75021	28000,—	28000	95686,67	95688	28000,—	28000
22=$^{32}/_{60}$	77440,—	77442	28000,—	28000	98773,33	98775	28000,—	28000
23=$^{33}/_{60}$	79860,—	79860	28000,—	28000	101860,—	101862	28000,—	28000
24=$^{34}/_{60}$	82280,—	82281	28000,—	28000	104946,67	104949	28000,—	28000
25=$^{35}/_{60}$	84700,—	84702	28000,—	28000	108033,33	108036	28000,—	28000
26=$^{36}/_{60}$	87120,—	87120	28000,—	28000	111120,—	111120	28000,—	28000
27=$^{37}/_{60}$	89540,—	89541	28000,—	28000	114206,67	114207	28000,—	28000
28=$^{38}/_{60}$	91960,—	91962	28000,—	28000	117293,33	117294	28000,—	28000
29=$^{39}/_{60}$	94380,—	94380	28000,—	28000	120380,—	120381	28000,—	28000
30=$^{40}/_{60}$	96800,—	96801	28000,—	28000	123466,67	123468	28000,—	28000
31=$^{81}/_{120}$	98010,—	98010	28000,—	28000	125010,—	125010	28000,—	28000
32=$^{82}/_{120}$	99220,—	99222	28000,—	28000	126553,33	126555	28000,—	28000
33=$^{83}/_{120}$	100430,—	100431	28000,—	28000	128096,67	128097	28000,—	28000
34=$^{84}/_{120}$	101640,—	101640	28000,—	28000	129640,—	129642	28500,—	28000
35=$^{85}/_{120}$	102850,—	102852	28000,—	28000	131183,33	131184	28000,—	28000
36=$^{86}/_{120}$	104060,—	104061	28000,—	28000	132726,67	132729	28000,—	28000
37=$^{87}/_{120}$	105270,—	105270	28000,—	28000	134270,—	134271	28000,—	28000
38=$^{88}/_{120}$	106480,—	106482	28000,—	28000	135813,33	135816	28000,—	28000
39=$^{89}/_{120}$	107690,—	107691	28000,—	28000	137356,67	137358	28000,—	28000
40=$^{90}/_{120}$	108900,—	108900	28000,—	28000	138900,—	138900	28000,—	28000

Für Ruhegehaltsempfänger: volle Dienstjahre	Jahresbetrag des Versorgungszuschlags zum Ruhegehalt und z Witwengeld bei einem Ausgleichszuschlag von 30 v. H. vom ruhegehal fähigen Diensteinkommen (einschl. des Sonderzuschlags von 3000 und einem Grundgehalt von .... M																
	11 000		11 700		12 400		13 000		13 500		13 600		14 100		14 200		14 7
	M	Pf	M	Pf	M	Pf	M	Pf	M	Pf	M	Pf	M	Pf	M	Pf	M
10 = 10/60	3462	—	3567	—	3672	—	3762	—	3837	—	3852	—	3927	—	3942	—	4017
11 = 21/60	3462	—	3567	—	3672	—	3762	—	3837	—	3852	—	3927	—	3942	—	4017
12 = 22/60	3462	—	3567	—	3672	—	3762	—	3837	—	3852	—	3927	—	3942	—	4017
13 = 23/60	3462	—	3567	—	3672	—	3762	—	3837	—	3852	—	3927	—	3942	—	4017
14 = 24/60	3462	—	3567	—	3672	—	3762	—	3837	—	3852	—	3927	—	3942	—	4028
15 = 25/60	3462	—	3567	—	3672	—	3762	—	3895	20	3920	40	4046	40	4071	60	4195
16 = 26/60	3462	—	3583	80	3765	60	3922	20	4051	80	4077	—	4208	40	4233	60	4363
17 = 27/60	3531	60	3720	60	3909	60	4071	60	4206	60	4233	60	4368	60	4395	60	4530
18 = 28/60	3663	—	3859	20	4055	40	4222	80	4363	20	4392	—	4530	60	4559	40	4699
19 = 29/60	3794	40	3997	80	4199	40	4374	—	4519	80	4548	60	4692	60	4721	40	4867
20 = 30/60	3924	—	4134	60	4345	20	4525	20	4674	60	4705	20	4854	60	4885	20	5034
21 = 31/60	4055	40	4273	20	4489	20	4676	40	4831	20	4861	80	5016	60	5047	20	5202
22 = 32/60	4186	80	4410	—	4635	—	4825	80	4986	—	5018	40	5178	60	5211	—	5371
23 = 33/60	4316	40	4548	60	4779	—	4977	—	5142	60	5175	—	5340	60	5373	—	5538
24 = 34/60	4447	80	4685	40	4924	80	5128	20	5297	40	5331	60	5502	60	5536	80	5706
25 = 35/60	4579	20	4824	—	5068	80	5279	40	5454	—	5488	20	5664	60	5698	80	5873
26 = 36/60	4708	80	4960	80	5212	80	5428	80	5608	80	5644	80	5824	80	5860	80	6020
27 = 37/60	4840	20	5099	40	5358	60	5580	—	5765	40	5803	20	5986	80	6012	30	6105
28 = 38/60	4971	60	5238	—	5502	60	5731	20	5922	—	5959	80	6074	40	6093	30	6188
29 = 39/60	5101	20	5374	80	5648	40	5882	40	6038	40	6058	20	6155	40	6175	20	6272
30 = 40/60	5232	60	5513	40	5792	40	6016	80	6116	70	6136	50	6236	40	6256	20	6356
31 = 81/120	5297	40	5581	80	5864	40	6053	70	6155	40	6175	20	6276	90	6296	70	6398
32 = 82/120	5364	—	5650	20	5938	20	6091	50	6194	10	6214	80	6317	40	6338	10	6440
33 = 83/120	5428	80	5720	40	6005	10	6129	30	6233	70	6254	40	6357	90	6378	60	6482
34 = 84/120	5493	60	5788	80	6041	10	6167	10	6272	40	6293	10	6398	40	6419	10	6524
35 = 85/120	5560	20	5857	20	6077	10	6204	90	6311	10	6332	70	6438	90	6459	60	6565
36 = 86/120	5625	—	5925	60	6114	—	6242	70	6349	80	6371	40	6479	40	6501	—	6608
37 = 87/120	5689	80	5995	80	6150	—	6280	50	6389	40	6411	—	6519	90	6541	50	6650
38 = 88/120	5756	40	6032	10	6186	—	6318	30	6428	10	6449	70	6560	40	6582	—	6691
39 = 89/120	5821	20	6066	30	6222	—	6356	10	6466	80	6489	30	6600	90	6622	50	6734
40 = 90/120	5886	—	6100	50	6258	—	6393	—	6505	50	6528	—	6640	50	6663	—	6775
Für Witwen	3462	—	3567	—	3672	—	3762	—	3837	—	3852	—	3927	—	3942	—	4017

… empfänger: volle Dienstjahre	Jahresbetrag des Versorgungszuschlags zum Ruhegehalt und zum Witwengeld bei einem Ausgleichszuschlag von 30 v. H. vom ruhegehaltsfähigen Diensteinkommen (einschl. des Sonderzuschlags von 300 ℳ) und einem Grundgehalt von .... ℳ																	
	14 800		15 000		15 300		15 400		15 700		15 900		16 000		16 400		16 500	
	ℳ	₰	ℳ	₰	ℳ	₰	ℳ	₰	ℳ	₰	ℳ	₰	ℳ	₰	ℳ	₰	ℳ	₰
= 20/60	4032	—	4140	—	4185	—	4200	—	4245	—	4275	—	4290	—	4350	—	4365	—
= 21/60	4032	—	4140	—	4185	—	4200	—	4245	—	4275	—	4290	—	4350	—	4365	—
= 22/60	4032	—	4140	—	4185	—	4200	—	4245	—	4275	—	4290	—	4340	—	4365	—
= 23/60	4032	—	4140	—	4185	—	4200	—	4245	—	4275	—	4290	—	4370	40	4393	80
= 24/60	4051	80	4224	60	4296	60	4320	—	4392	—	4440	60	4464	—	4561	20	4584	60
= 25/60	4221	—	4401	—	4476	60	4500	—	4575	60	4626	—	4651	20	4750	20	4775	40
= 26/60	4390	20	4577	40	4654	80	4680	—	4759	20	4811	40	4836	60	4941	—	4966	20
= 27/60	4557	60	4752	—	4833	—	4860	—	4941	—	4995	—	5022	—	5130	—	5157	—
= 28/60	4726	80	4928	40	5013	—	5040	—	5124	60	5180	40	5209	20	5320	80	5349	60
= 29/60	4896	—	5104	80	5191	20	5220	—	5308	20	5365	80	5394	60	5511	60	5540	40
= 30/60	5065	20	5281	20	5371	20	5400	—	5490	—	5551	20	5580	—	5700	60	5731	20
= 31/60	5234	40	5457	60	5549	40	5580	—	5673	60	5736	60	5767	20	5891	40	5922	—
= 32/60	5401	80	5632	20	5729	40	5760	—	5857	20	5920	20	5952	60	6040	20	6056	40
= 33/60	5571	—	5808	60	5907	60	5940	—	6019	50	6052	80	6069	—	6135	60	6151	80
= 34/60	5740	20	5975	—	6043	80	6060	—	6111	30	6145	50	6162	60	6230	10	6247	20
= 35/60	5909	40	6080	70	6132	90	6150	—	6203	10	6238	20	6255	30	6325	50	6342	60
= 36/60	6038	40	6168	—	6222	—	6240	—	6294	—	6330	—	6348	—	6420	—	6438	—
= 37/60	6123	—	6266	20	6312	—	6330	—	6385	80	6422	70	6441	60	6515	40	6534	30
= 38/60	6207	60	6344	40	6401	10	6420	—	6477	60	6515	40	6534	30	6610	80	6629	70
= 39/60	6292	20	6432	60	6491	10	6510	—	6568	50	6608	10	6627	—	6705	30	6725	10
= 40/60	6376	80	6520	80	6580	20	6600	—	6660	30	6700	80	6720	60	6800	70	6820	50
= 81/120	6418	20	6564	—	6625	20	6645	—	6706	20	6746	70	6766	50	6847	50	6868	20
= 82/120	6460	50	6608	10	6670	20	6690	—	6752	10	6792	60	6813	30	6895	20	6915	90
= 83/120	6502	80	6652	20	6714	30	6735	—	6798	—	6839	40	6860	10	6942	90	6963	60
= 84/120	6545	10	6696	30	6759	30	6780	—	6843	—	6885	30	6906	—	6990	60	7011	30
= 85/120	6587	40	6740	40	6804	30	6825	—	6888	90	6932	10	6952	80	7038	30	7059	—
= 86/120	6629	70	6784	50	6849	30	6870	—	6934	80	6978	—	6999	60	7085	10	7106	70
= 87/120	6672	—	6828	60	6893	40	6915	—	6980	70	7023	90	7045	50	7132	80	7154	40
= 88/120	6714	30	6872	70	6938	40	6960	—	7026	60	7070	70	7092	30	7180	50	7202	10
= 89/120	6756	60	6916	80	6983	40	7005	—	7072	50	7116	60	7139	10	7228	20	7249	80
= 90/120	6798	—	6960	—	7027	50	7050	—	7117	50	7162	50	7185	—	7275	—	7297	50
Witwen	4032	—	4140	—	4185	—	4200	—	4245	—	4275	—	4290	—	4350	—	4365	—

Für Ruhegehalts-empfänger: volle Dienstjahre	Jahresbetrag des Versorgungszuschlags zum Ruhegehalt und z Witwengeld bei einem Ausgleichszuschlag von 30 v. H. vom ruhegeha fähigen Diensteinkommen (einschl. des Sonderzuschlags von 3000 und einem Grundgehalt von .... ℳ															
	16 800		17 000		17 500		17 600		18 000		18 200		18 300		18 500		18 8
	ℳ	₰	ℳ	₰	ℳ	₰	ℳ	₰	ℳ	₰	ℳ	₰	ℳ	₰	ℳ	₰	ℳ
10 = 20/60	4488	—	4518	—	4593	—	4608	—	4668	—	4698	—	4713	—	4743	—	478
11 = 21/60	4488	—	4518	—	4593	—	4608	—	4668	—	4698	—	4713	—	4743	—	478
12 = 22/60	4488	—	4518	—	4593	—	4608	—	4668	—	4698	—	4713	—	4757	40	482
13 = 23/60	4582	80	4627	80	4743	—	4766	40	4858	20	4905	—	4926	60	4973	40	504
14 = 24/60	4780	80	4829	40	4950	—	4973	40	5068	80	5117	40	5140	80	5189	40	5261
15 = 25/60	4980	60	5031	—	5155	20	5180	40	5281	20	5331	60	5355	—	5405	40	5481
16 = 26/60	5180	40	5232	60	5362	20	5387	40	5491	80	5544	—	5569	20	5621	40	570
17 = 27/60	5378	40	5432	40	5567	40	5594	40	5702	40	5756	40	5783	40	5837	40	591
18 = 28/60	5578	20	5634	—	5774	40	5803	20	5914	80	5970	60	5997	60	6027	60	606
19 = 29/60	5778	—	5835	60	5981	40	6005	10	6062	70	6091	50	6105	90	6135	60	617
20 = 30/60	5976	—	6018	60	6093	30	6108	60	6168	—	6198	60	6213	—	6243	60	628
21 = 31/60	6087	90	6119	40	6196	80	6212	10	6274	20	6304	80	6320	10	6351	60	639
22 = 32/60	6187	80	6219	30	6299	40	6315	60	6379	50	6411	90	6427	20	6459	60	650
23 = 33/60	6286	80	6320	10	6402	90	6419	10	6484	80	6518	10	6534	30	6567	60	6617
24 = 34/60	6386	70	6420	90	6505	50	6522	60	6591	—	6625	20	6641	40	6675	60	6726
25 = 35/60	6486	60	6521	70	6609	—	6626	10	6696	30	6731	40	6748	50	6783	60	6836
26 = 36/60	6585	60	6621	60	6711	60	6729	60	6801	60	6837	60	6855	60	6891	60	6945
27 = 37/60	6685	50	6722	40	6815	10	6834	—	6907	80	6944	70	6962	70	7000	50	7055
28 = 38/60	6785	40	6823	20	6918	60	6937	50	7013	10	7050	90	7069	80	7108	50	7165
29 = 39/60	6884	40	6924	—	7021	20	7041	—	7118	40	7158	—	7176	90	7216	50	7275
30 = 40/60	6984	30	7024	80	7124	70	7144	50	7224	60	7264	20	7284	—	7324	50	7384
31 = 81/120	7033	80	7074	30	7176	—	7195	80	7276	80	7317	30	7338	—	7378	50	7438
32 = 82/120	7084	20	7124	70	7227	30	7248	—	7329	90	7371	30	7391	10	7432	50	7493
33 = 83/120	7133	70	7176	—	7279	50	7300	20	7383	—	7424	40	7445	10	7486	50	7548
34 = 84/120	7183	20	7225	50	7330	80	7351	50	7435	20	7477	50	7498	20	7540	50	7603
35 = 85/120	7233	60	7275	90	7382	10	7403	70	7488	30	7530	60	7552	20	7594	50	7658
36 = 86/120	7283	10	7326	30	7433	40	7455	—	7541	40	7584	60	7605	30	7648	50	7713
37 = 87/120	7332	60	7376	70	7485	60	7507	20	7593	60	7637	70	7659	30	7702	50	7768
38 = 88/120	7383	—	7427	10	7536	90	7558	50	7646	70	7690	80	7712	40	7756	50	7823
39 = 89/120	7432	50	7477	50	7588	20	7610	70	7699	80	7743	90	7766	40	7810	50	7878
40 = 90/120	7482	—	7527	—	7639	50	7662	—	7752	—	7797	—	7819	50	7864	50	7932
Für Witwen	4488	—	4518	—	4593	—	4608	—	4668	—	4698	—	4713	—	4743	—	4788

…empfänger: volle Dienstjahre	Jahresbetrag des Versorgungszuschlags zum Ruhegehalt und zum Witwengeld bei einem Ausgleichszuschlag von 30 v. H. vom ruhegehaltsfähigen Diensteinkommen (einschl. des Sonderzuschlags von 3000 ℳ) und einem Grundgehalt von .... ℳ																	
	19 000		19 400		19 500		19 700		19 800		20 000		20 300		20 500		20 600	
	ℳ	₰	ℳ	₰	ℳ	₰	ℳ	₰	ℳ	₰	ℳ	₰	ℳ	₰	ℳ	₰	ℳ	₰
0 = 20/60	4818	—	4878	—	4893	—	4923	—	4938	—	5046	—	5091	—	5121	—	5136	—
1 = 21/60	4818	—	4878	—	4893	—	4923	—	4938	—	5046	—	5091	—	5121	—	5136	—
2 = 22/60	4867	20	4955	40	4977	—	5022	—	5043	60	5202	—	5266	80	5311	80	5333	40
3 = 23/60	5088	60	5180	40	5203	80	5248	80	5272	20	5437	80	5506	20	5553	—	5576	40
4 = 24/60	5310	—	5405	40	5428	80	5477	40	5500	80	5673	60	5745	60	5794	20	5817	60
5 = 25/60	5531	40	5630	40	5655	60	5706	—	5731	20	5911	20	5985	—	6017	70	6030	30
6 = 26/60	5752	80	5855	40	5882	40	5934	60	5959	80	6073	50	6112	20	6138	30	6151	80
7 = 27/60	5972	40	6040	20	6053	70	6070	70	6094	20	6191	40	6231	90	6258	90	6272	40
8 = 28/60	6096	90	6153	60	6167	10	6195	—	6209	40	6310	20	6351	60	6380	40	6393	90
9 = 29/60	6207	60	6266	10	6280	50	6309	30	6323	70	6428	10	6471	30	6501	—	6515	40
0 = 30/60	6318	30	6378	60	6393	—	6423	60	6438	—	6546	—	6591	—	6621	60	6636	—
1 = 31/60	6429	—	6491	10	6506	40	6537	90	6553	20	6664	80	6710	70	6742	20	6757	50
2 = 32/60	6539	70	6603	60	6619	80	6651	30	6667	50	6782	70	6830	40	6862	80	6879	—
3 = 33/60	6650	40	6716	10	6733	20	6765	60	6781	80	6900	60	6950	10	6983	40	6999	60
4 = 34/60	6761	10	6828	60	6845	70	6879	90	6897	—	7019	40	7069	80	7104	—	7121	10
5 = 35/60	6871	80	6941	10	6959	10	6994	20	7011	30	7137	30	7189	50	7224	60	7242	60
6 = 36/60	6981	60	7053	60	7071	60	7107	60	7125	60	7255	20	7309	20	7345	20	7363	20
7 = 37/60	7092	30	7167	—	7185	—	7221	90	7240	80	7374	—	7428	90	7466	70	7484	70
8 = 38/60	7203	—	7279	50	7298	40	7336	20	7355	10	7491	90	7548	60	7587	30	7606	20
9 = 39/60	7313	70	7392	—	7410	90	7450	50	7469	40	7609	80	7668	30	7707	90	7726	80
0 = 40/60	7424	40	7504	50	7524	30	7564	80	7584	60	7728	60	7788	—	7828	50	7848	30
1 = 81/120	7479	30	7560	30	7581	—	7621	50	7641	30	7787	10	7848	30	7888	80	7908	60
2 = 82/120	7535	10	7617	—	7637	70	7678	20	7698	90	7846	50	7907	70	7949	10	7969	80
3 = 83/120	7590	—	7673	70	7694	40	7735	80	7756	50	7905	90	7968	—	8009	40	8030	10
4 = 84/120	7645	80	7729	50	7750	20	7792	50	7813	20	7964	40	8027	40	8069	70	8090	40
5 = 85/120	7700	70	7786	20	7806	90	7850	10	7870	80	8023	80	8087	70	8130	—	8151	60
6 = 86/120	7756	50	7842	—	7863	60	7906	80	7928	40	8083	20	8147	10	8190	30	8211	90
7 = 87/120	7811	40	7898	70	7920	30	7963	50	7985	10	8141	70	8207	40	8250	60	8272	20
8 = 88/120	7867	20	7954	50	7977	—	8031	10	8042	70	8201	10	8266	80	8310	90	8333	40
9 = 89/120	7922	10	8011	20	8033	70	8077	80	8100	30	8260	50	8327	10	8371	20	8393	70
0 = 90/120	7977	—	8067	—	8089	50	8134	50	8157	—	8319	—	8386	50	8431	50	8454	—
…r Witwen	4818	—	4878	—	4893	—	4923	—	4938	—	5046	—	5091	—	5121	—	5136	—

Jahresbetrag des Versorgungszuschlags zum Ruhegehalt und z Witwengeld bei einem Ausgleichszuschlag von 30 v. H. vom ruhegeha fähigen Diensteinkommen (einschl. des Sonderzuschlags von 3000 und einem Grundgehalt von .... ℳ

Für Ruhegehaltsempfänger: volle Dienstjahre	20 900		21 000		21 200		21 300		21 500		21 800		22 000		22 100		22 4
	ℳ	₰	ℳ	₰	ℳ	₰	ℳ	₰	ℳ	₰	ℳ	₰	ℳ	₰	ℳ	₰	ℳ
10 = 20/60	5181	—	5196	—	5226	—	5241	—	5271	—	5316	—	5424	—	5439	—	5484
11 = 21/60	5181	—	5196	—	5226	—	5241	—	5279	40	5342	40	5493	60	5515	20	5577
12 = 22/60	5400	—	5421	60	5464	80	5488	20	5531	40	5598	—	5756	40	5778	—	5844
13 = 23/60	5644	80	5668	20	5713	20	5736	60	5783	40	5851	80	6008	70	6020	40	6054
14 = 24/60	5889	60	5914	80	5961	60	5986	80	6016	80	6052	80	6139	20	6151	80	6187
15 = 25/60	6068	10	6080	70	6105	—	6117	60	6142	80	6180	60	6270	60	6283	20	6320
16 = 26/60	6190	50	6204	—	6229	20	6242	70	6268	80	6307	50	6401	10	6414	60	6453
17 = 27/60	6312	90	6326	40	6353	40	6366	90	6393	90	6434	40	6531	60	6545	10	6585
18 = 28/60	6436	20	6449	70	6477	60	6492	—	6519	90	6562	20	6663	—	6676	50	6718
19 = 29/60	6558	60	6573	—	6601	80	6617	10	6645	90	6689	10	6793	50	6807	90	6852
20 = 30/60	6681	—	6696	30	6726	—	6741	30	6771	—	6816	—	6924	—	6939	30	6984
21 = 31/60	6804	30	6819	60	6850	20	6866	40	6897	—	6943	80	7055	40	7070	70	7117
22 = 32/60	6926	70	6942	90	6974	40	6990	60	7023	—	7070	70	7185	90	7202	10	7249
23 = 33/60	7049	10	7066	20	7098	60	7115	70	7148	10	7197	60	7316	40	7333	50	7383
24 = 34/60	7172	40	7189	50	7222	80	7239	90	7274	10	7325	40	7447	80	7464	90	7515
25 = 35/60	7294	80	7312	80	7347	—	7365	—	7400	10	7452	30	7578	30	7596	30	7648
26 = 36/60	7417	20	7435	20	7471	20	7489	20	7525	20	7579	20	7708	80	7726	80	7780
27 = 37/60	7540	50	7558	50	7595	40	7614	30	7651	20	7707	—	7840	20	7858	20	7914
28 = 38/60	7662	90	7681	80	7719	60	7739	40	7777	20	7833	90	7970	70	7989	60	8047
29 = 39/60	7785	30	7805	10	7843	80	7863	60	7902	30	7960	80	8101	20	8121	—	8179
30 = 40/60	7908	60	7928	40	7968	—	7988	70	8028	30	8088	60	8232	60	8252	40	8312
31 = 61/120	7969	80	7989	60	8030	10	8050	80	8091	30	8151	60	8297	40	8318	10	8378
32 = 62/120	8031	—	8051	70	8092	20	8112	90	8154	30	8215	50	8363	10	8383	80	8445
33 = 63/120	8092	20	8112	90	8154	30	8175	90	8217	30	8279	40	8428	80	8449	50	8511
34 = 64/120	8153	40	8175	—	8216	40	8238	—	8279	40	8342	40	8493	90	8515	20	8578
35 = 65/120	8215	50	8236	20	8278	50	8300	10	8342	40	8406	30	8559	30	8580	90	8644
36 = 66/120	8276	70	8298	30	8340	60	8362	20	8405	40	8470	20	8625	—	8646	60	8711
37 = 67/120	8337	90	8359	50	8402	70	8425	20	8468	40	8533	20	8689	80	8712	30	8777
38 = 68/120	8399	10	8421	60	8464	80	8487	30	8531	40	8597	10	8755	50	8778	—	8843
39 = 69/120	8460	30	8482	80	8526	90	8549	40	8594	40	8661	—	8820	60	8843	70	8910
40 = 70/120	8521	50	8544	—	8589	—	8611	50	8656	50	8724	—	8886	30	8908	50	8976
Für Witwen	5181	—	5196	—	5226	—	5241	—	5271	—	5316	—	5424	—	5439	—	5484

empfänger: volle Dienstjahre	Jahresbetrag des Versorgungszuschlags zum Ruhegehalt und zum Witwengeld bei einem Ausgleichszuschlag von 30 v. H. vom ruhegehaltsfähigen Diensteinkommen (einschl. des Sonderzuschlags von 3000 ℳ) und einem Grundgehalt von ....ℳ																	
	22 900		23 000		23 500		23 600		24 000		24 300		25 000		26 000		26 200	
	ℳ	₰	ℳ	₰	ℳ	₰	ℳ	₰	ℳ	₰	ℳ	₰	ℳ	₰	ℳ	₰	ℳ	₰
= 20/60	5559	—	5574	—	5649	—	5664	—	5724	—	5769	—	5874	—	6024	—	6054	—
= 21/60	5682	60	5704	20	5808	60	5730	20	5914	80	5977	80	6061	80	6167	10	6187	80
= 22/60	5954	40	5976	—	6042	90	6053	70	6097	80	6131	10	6207	60	6318	30	6339	90
= 23/60	6112	20	6123	90	6181	50	6193	20	6239	10	6273	30	6353	40	6468	60	6492	—
= 24/60	6247	20	6259	80	6319	20	6331	80	6379	50	6415	50	6499	20	6619	80	6643	20
= 25/60	6383	10	6395	70	6457	80	6470	40	6520	80	6557	70	6645	—	6770	10	6795	30
= 26/60	6518	10	6531	60	6596	40	6609	—	6661	20	6699	90	6790	80	6921	30	6947	40
= 27/60	6653	10	6666	60	6734	10	6747	60	6801	60	6842	10	6936	60	7071	60	7098	60
= 28/60	6789	—	6802	50	6872	70	6887	10	6942	90	6985	20	7082	40	7222	80	7250	70
= 29/60	6924	—	6938	40	7011	30	7025	70	7083	30	7127	40	7228	20	7374	—	7402	80
= 30/60	7059	—	7074	30	7149	—	7164	30	7224	60	7269	60	7374	—	7524	30	7554	—
= 31/60	7194	90	7210	20	7287	60	7302	90	7365	—	7411	80	7519	80	7675	50	7706	10
= 32/60	7329	90	7446	10	7426	20	7442	40	7506	30	7554	—	7665	60	7825	80	7858	20
= 33/60	7464	90	7482	—	7563	90	7581	—	7646	70	7696	20	7811	40	7977	—	8009	40
= 34/60	7600	80	7617	90	7702	50	7719	60	7788	—	7838	40	7957	20	8127	30	8161	50
= 35/60	7735	80	7753	80	7841	10	7858	20	7928	40	7980	60	8103	—	8278	50	8313	60
= 36/60	7870	80	7888	80	7978	80	7996	80	8068	80	8122	80	8248	80	8428	80	8464	80
= 37/60	8006	70	8024	70	8117	40	8136	30	8210	10	8265	90	8394	60	8580	—	8616	90
= 38/60	8141	70	8160	60	8256	—	8274	90	8350	50	8408	10	8540	40	8731	20	8769	—
= 39/60	8276	70	8296	50	8393	70	8413	50	8491	80	8550	30	8686	20	8881	50	8920	20
= 40/60	8412	60	8432	40	8532	30	8552	10	8632	20	8692	50	8832	—	9032	70	9072	30
= 81/120	8480	10	8499	90	8601	60	8621	40	8702	40	8763	60	8904	90	9107	40	9147	90
= 82/120	8547	60	8568	30	8670	90	8691	60	8773	50	8834	70	8977	80	9183	—	9224	40
= 83/120	8615	10	8635	80	8740	20	8760	90	8843	70	8905	80	9050	70	9258	60	9300	—
= 84/120	8682	60	8704	20	8808	60	8830	20	8913	90	8976	90	9123	60	9334	20	9375	60
= 85/120	8751	—	8771	70	8877	90	8899	50	8984	10	9048	—	9196	50	9409	80	9452	10
= 86/120	8818	50	8840	10	8947	20	8968	80	9055	20	9119	10	9269	40	9484	50	9527	70
= 87/120	8886	—	8907	60	9016	50	9038	10	9125	40	9190	20	9342	30	9560	10	9603	30
= 88/120	8953	50	8976	—	9085	80	9107	40	9195	60	9261	30	9415	20	9635	70	9679	80
= 89/120	9021	—	9043	50	9155	10	9176	70	9265	80	9332	40	9488	10	9711	30	9755	40
= 90/120	9088	50	9111	—	9223	50	9246	—	9336	—	9403	50	9561	—	9786	—	9831	—
Witwen	5559	—	5574	—	5649	—	5664	—	5724	—	5769	—	5874	—	6024	—	6054	—

Für Ruhegehaltsempfänger: volle Dienstjahre	Jahresbetrag des Versorgungszuschlags bei einem Ausgleichszuschlag von 30 v. H. (einschl. des Sonderzuschlags von 3000 ℳ)							
	26 600		27 000		27 400		28 000	
	ℳ	₰	ℳ	₰	ℳ	₰	ℳ	₰
10 = 20/60	6114	—	6174	—	6234	—	6402	—
11 = 21/60	6230	10	6272	40	6313	80	6431	70
12 = 22/60	6384	—	6428	10	6472	20	6595	50
13 = 23/60	6537	90	6583	80	6629	70	6758	40
14 = 24/60	6691	80	6739	50	6787	20	6922	20
15 = 25/60	6845	70	6895	20	6945	60	7085	10
16 = 26/60	6999	60	7050	90	7103	10	7248	90
17 = 27/60	7152	60	7206	60	7260	60	7411	80
18 = 28/60	7306	50	7363	20	7419	—	7575	60
19 = 29/60	7460	40	7518	90	7576	50	7739	40
20 = 30/60	7614	30	7674	60	7734	—	7902	30
21 = 31/60	7768	20	7830	30	7892	40	8066	10
22 = 32/60	7922	10	7986	—	8049	90	8229	—
23 = 33/60	8076	—	8141	70	8207	40	8392	80
24 = 34/60	8229	90	8297	40	8365	80	8555	70
25 = 35/60	8383	80	8453	10	8523	30	8719	50
26 = 36/60	8536	80	8608	80	8680	80	8882	40
27 = 37/60	8690	70	8765	40	8839	20	9046	20
28 = 38/60	8844	60	8921	10	8996	70	9210	—
29 = 39/60	8998	50	9076	80	9154	20	9372	90
30 = 40/60	9152	40	9232	50	9312	30	9536	70
31 = 81/120	9228	90	9309	90	9390	90	9617	70
32 = 82/120	9306	30	9388	20	9470	10	9699	60
33 = 83/120	9382	80	9466	50	9549	30	9781	50
34 = 84/120	9460	20	9543	90	9627	60	9863	40
35 = 85/120	9536	70	9622	20	9706	50	9945	30
36 = 86/120	9614	10	9699	60	9786	—	10026	30
37 = 87/120	9690	60	9777	90	9864	30	10108	20
38 = 88/120	9768	—	9855	30	9943	20	10190	10
39 = 89/120	9844	50	9933	60	10022	70	10272	—
40 = 90/120	9921	—	10011	—	10101	—	10353	—
Für Witwen	6114	—	6174	—	6234	—	6402	—

zum Ruhegehalt und zum Witwengeld
vom ruhegehaltsfähigen Diensteinkommen
und einem Grundgehalt von .... ℳ.

28 200		28 600		29 800		30 000		31 000	
ℳ	₰	ℳ	₰	ℳ	₰	ℳ	₰	ℳ	₰
6432	—	6492	—	6672	—	6702	—	6852	—
6452	40	6494	70	6672	—	6702	—	6852	—
6617	10	6661	20	6793	50	6815	10	6924	90
6781	80	6827	70	6965	40	6988	80	7104	—
6945	60	6994	20	7138	20	7161	60	7282	20
7110	30	7160	70	7310	10	7335	30	7460	40
7275	—	7327	20	7482	90	7509	—	7638	60
7438	80	7492	80	7654	80	7681	80	7816	80
7603	50	7659	30	7827	60	7855	50	7995	90
7768	20	7825	80	8000	40	8029	20	8174	10
7932	—	7992	30	8172	30	8202	—	8352	30
8096	70	8158	80	8345	10	8375	70	8530	50
8261	40	8325	30	8517	—	8549	40	8709	60
8425	20	8491	80	8689	80	8722	20	8887	80
8589	90	8658	30	8861	70	8895	90	9066	—
8754	60	8824	20	9034	50	9069	60	9244	20
8918	40	8990	40	9206	40	9242	40	9422	40
9083	10	9156	90	9379	20	9416	10	9601	50
9247	80	9323	40	9552	—	9589	80	9779	70
9411	60	9489	90	9723	90	9762	60	9957	90
9576	30	9656	40	9896	70	9936	30	10136	10
9658	20	9739	20	9982	20	10022	70	10225	20
9741	—	9822	60	10068	60	10110	—	10315	20
9822	90	9905	70	10155	—	10196	40	10404	30
9904	80	9989	40	10241	40	10282	80	10493	40
9987	60	10072	20	10327	80	10370	10	10582	50
10069	50	10155	90	10413	30	10456	50	10671	60
10151	40	10238	70	10499	70	10542	90	10760	70
10234	20	10322	40	10586	10	10630	20	10849	80
10316	10	10405	20	10672	50	10716	30	10938	90
10398	—	10488	—	10758	—	10803	—	11028	—
6432	—	6492	—	6672	—	6702	—	6852	—

Für Ruhegehaltsempfänger: volle Dienstjahre.	Jahresbetrag des Versorgungszuschlags bei einem Ausgleichszuschlag von 30 v. H. (einschl. des Sonderzuschlages von 3000 ℳ)							
	31 400		32 000		33 000		34 000	
	ℳ	₰	ℳ	₰	ℳ	₰	ℳ	₰
10 = 20/60	6912	—	7002	—	7152	—	7302	—
11 = 21/60	6912	—	7002	—	7152	—	7302	—
12 = 22/60	6969	—	7035	60	7152	—	7302	—
13 = 23/60	7149	90	7218	30	7333	50	7448	70
14 = 24/60	7329	90	7401	90	7521	60	7642	20
15 = 25/60	7510	80	7585	50	7710	60	7835	70
16 = 26/60	7690	80	7769	10	7898	70	8029	20
17 = 27/60	7870	80	7951	80	8086	80	8221	80
18 = 28/60	8051	70	8135	40	8275	80	8415	30
19 = 29/60	8231	70	8319	—	8463	90	8608	80
20 = 30/60	8412	60	8502	60	8652	—	8802	30
21 = 31/60	8592	60	8686	20	8841	—	8995	80
22 = 32/60	8773	50	8868	90	9029	10	9189	30
23 = 33/60	8953	50	9052	50	9217	20	9382	80
24 = 34/60	9134	40	9236	10	9406	20	9576	30
25 = 35/60	9314	40	9419	70	9594	30	9769	80
26 = 36/60	9494	40	9602	40	9782	40	9962	40
27 = 37/60	9675	30	9786	—	9971	40	10155	90
28 = 38/60	9855	30	9969	60	10159	50	10349	40
29 = 39/60	10036	20	10153	20	10347	60	10542	90
30 = 40/60	10216	20	10336	80	10536	60	10736	40
31 = 81/120	10306	20	10427	70	10630	20	10832	70
32 = 82/120	10397	10	10519	50	10724	70	10929	90
33 = 83/120	10487	10	10611	30	10819	20	11026	20
34 = 84/120	10577	10	10703	10	10912	80	11123	40
35 = 85/120	10667	10	10794	90	11007	30	11219	70
36 = 86/120	10758	—	10886	70	11101	80	11316	90
37 = 87/120	10848	—	10978	50	11195	40	11413	20
38 = 88/120	10938	—	11070	30	11289	90	11510	40
39 = 89/120	11028	—	11162	10	11384	40	11606	70
40 = 90/120	11118	—	11253	—	11478	—	11703	—
Für Witwen	6912	—	7002	—	7152	—	7302	—

zum Ruhegehalt und zum Witwengeld
vom ruhegehaltsfähigen Diensteinkommen
und einem Grundgehalt von .... ℳ.

34500		36000		37000		38000		39500	
ℳ	₰	ℳ	₰	ℳ	₰	ℳ	₰	ℳ	₰
7377	—	7602	—	7752	—	7902	—	8127	—
7377	—	7602	—	7752	—	7902	—	8127	—
7377	—	7602	—	7752	—	7902	—	8127	—
7506	30	7678	20	7793	40	7908	60	8127	—
7701	60	7881	60	8002	20	8121	90	8301	90
7897	80	8085	—	8210	10	8335	20	8523	30
8094	—	8288	40	8418	90	8548	50	8743	80
8289	30	8491	80	8626	80	8761	80	8964	30
8485	50	8695	20	8835	60	8976	—	9185	70
8681	70	8898	60	9044	40	9189	30	9407	10
8877	—	9102	—	9252	30	9402	60	9627	60
9073	20	9305	40	9461	10	9615	90	9848	10
9269	40	9508	80	9669	—	9829	20	10069	50
9464	70	9712	20	9877	80	10042	50	10290	—
9660	90	9915	60	10085	70	10255	80	10511	40
9857	10	10119	—	10294	50	10469	10	10731	90
10052	40	10322	40	10502	40	10682	40	10952	40
10248	60	10525	80	10711	20	10896	60	11173	80
10444	80	10729	20	10920	—	11109	90	11394	30
10640	10	10932	60	11127	90	11323	20	11615	70
10836	30	11136	—	11336	70	11536	50	11836	20
10934	40	11237	70	11440	20	11642	70	11946	90
11032	50	11339	40	11544	60	11749	80	12057	60
11130	60	11441	10	11649	—	11856	90	12167	40
11227	80	11542	80	11753	40	11963	10	12278	10
11325	90	11644	50	11857	80	12070	20	12388	80
11424	—	11746	20	11961	30	12176	40	12499	50
11522	10	11847	90	12065	70	12283	50	12609	30
11620	20	11949	60	12170	10	12389	70	12720	—
11718	30	12051	30	12274	50	12496	80	12830	70
11815	50	12153	—	12378	—	12603	—	12940	50
7377	—	7602	—	7752	—	7902	—	8127	—

Für Ruhegehaltsempfänger: volle Dienstjahre	Jahresbetrag des Versorgungszuschlags bei einem Ausgleichszuschlag von 30 v. H. (einschl des Sonderzuschlages von 3000 ℳ							
	40 000		42 000		44 000		46 000	
	ℳ	₰	ℳ	₰	ℳ	₰	ℳ	₰
10 = 20/60	8202	—	8580	—	8880	—	9180	—
11 = 21/60	8202	—	8580	—	8880	—	9180	—
12 = 22/60	8202	—	8580	—	8880	—	9180	—
13 = 23/60	8202	—	8580	—	8880	—	9180	—
14 = 24/60	8362	20	8664	60	8904	—	9180	—
15 = 25/60	8585	40	8900	40	9150	60	9400	80
16 = 26/60	8808	60	9136	20	9396	30	9656	40
17 = 27/60	9031	80	9372	—	9642	—	9912	—
18 = 28/60	9255	90	9608	70	9888	60	10168	50
19 = 29/60	9479	10	9844	50	10134	30	10424	10
20 = 30/60	9702	30	10080	30	10380	—	10680	60
21 = 31/60	9925	50	10316	10	10626	60	10936	20
22 = 32/60	10149	60	10552	80	10872	30	11192	70
23 = 33/60	10372	80	10788	60	11118	—	11448	30
24 = 34/60	10596	—	11024	40	11364	60	11704	80
25 = 35/60	10819	20	11260	20	11610	30	11960	40
26 = 36/60	11042	40	11496	—	11856	—	12216	—
27 = 37/60	11266	50	11732	70	12102	60	12472	50
28 = 38/60	11489	70	11968	50	12348	30	12728	10
29 = 39/60	11712	90	12204	30	12594	—	12984	60
30 = 40/60	11936	10	12440	10	12840	60	13240	20
31 = 81/120	12047	70	12558	—	12963	—	13368	—
32 = 82/120	12160	20	12676	80	13086	30	13496	70
33 = 83/120	12271	80	12794	70	13209	60	13624	50
34 = 84/120	12383	40	12912	60	13332	—	13752	30
35 = 85/120	12495	—	13030	50	13455	30	13880	10
36 = 86/120	12606	60	13148	40	13578	60	14008	80
37 = 87/120	12718	20	13266	30	13701	—	14136	60
38 = 88/120	12829	80	13384	20	13824	30	14264	40
39 = 89/120	12941	40	13502	10	13947	60	14392	20
40 = 90/120	13053	—	13620	—	14070	—	14520	—
Für Witwen	8202	—	8580	—	8880	—	9180	—

zum Ruhegehalt und zum Witwengeld
vom ruhegehaltsfähigen Diensteinkommen
und einem Grundgehalt von .... ℳ

48 000		51 000		53 000		54 000		57 000	
ℳ	₰	ℳ	₰	ℳ	₰	ℳ	₰	ℳ	₰
9480	—	9930	—	10230	—	10380	—	10830	—
9480	—	9930	—	10230	—	10380	—	10830	—
9480	—	9930	—	10230	—	10380	—	10830	—
9480	—	9930	—	10230	—	10380	—	10830	—
9480	—	9930	—	10230	—	10380	—	10830	—
9650	10	10025	40	10275	60	10400	70	10830	—
9916	50	10306	20	10566	30	10696	80	11086	50
10182	—	10587	—	10857	—	10992	—	11397	—
10448	40	10868	70	11148	60	11288	10	11708	40
10714	80	11149	50	11439	30	11584	20	12019	80
10980	30	11430	30	11730	—	11880	30	12330	30
11246	70	11711	10	12021	60	12176	40	12641	70
11512	20	11992	80	12312	30	12472	50	12952	20
11778	60	12273	60	12603	—	12768	60	13263	60
12044	10	12554	40	12894	60	13064	70	13574	10
12310	50	12835	20	13185	30	13360	80	13885	50
12576	—	13116	—	13476	—	13656	—	14196	—
12842	40	13397	70	13767	60	13952	10	14507	40
13108	80	13678	50	14058	30	14248	20	14818	80
13374	30	13959	30	14349	—	14544	30	15129	30
13640	70	14240	10	14640	60	14840	40	15440	70
13773	—	14380	50	14785	50	14988	—	15595	50
13906	20	14521	80	14931	30	15136	50	15751	20
14039	40	14662	20	15077	10	15284	10	15906	90
14172	60	14802	60	15222	—	15432	60	16062	60
14305	80	14943	—	15367	80	15580	20	16218	30
14438	10	15083	40	15513	60	15728	70	16373	10
14571	30	15223	80	15658	50	15876	30	16528	80
14704	50	15364	20	15804	30	16024	80	16684	50
14837	70	15504	60	15950	10	16172	40	16840	20
14970	—	15645	—	16095	—	16320	—	16995	—
9480	—	9930	—	10230	—	10380	—	10830	—

Für Ruhegehalts-empfänger: volle Dienstjahre	Jahresbetrag des Versorgungszuschlags bei einem Ausgleichszuschlag von 30 v. H. (einschl. des Sonderzuschlags von 3000 ℳ)							
	60 000		67 000		74 000		80 000	
	ℳ	₰	ℳ	₰	ℳ	₰	ℳ	₰
10 = 20/60	11280	—	12330	—	13380	—	14280	—
11 = 21/60	11280	—	12330	—	13380	—	14280	—
12 = 22/60	11280	—	12330	—	13380	—	14280	—
13 = 23/60	11280	—	12330	—	13380	—	14280	—
14 = 24/60	11280	—	12330	—	13380	—	14280	—
15 = 25/60	11280	—	12330	—	13380	—	14280	—
16 = 26/60	11476	20	12386	10	13380	—	14280	—
17 = 27/60	11802	—	12747	—	13692	—	14502	—
18 = 28/60	12128	70	13108	80	14088	—	14928	60
19 = 29/60	12454	50	13469	70	14484	—	15354	30
20 = 30/60	12780	30	13830	60	14880	—	15780	—
21 = 31/60	13106	10	14191	50	15276	—	16206	60
22 = 32/60	13432	80	14552	40	15672	—	16632	30
23 = 33/60	13758	60	14913	30	16068	—	17058	—
24 = 34/60	14084	40	15274	20	16464	—	17484	60
25 = 35/60	14410	20	15635	10	16860	—	17910	30
26 = 36/60	14736	—	15996	—	17256	—	18336	—
27 = 37/60	15062	70	16357	80	17652	—	18762	60
28 = 38/60	15388	50	16718	70	18048	—	19188	30
29 = 39/60	15714	30	17079	60	18444	—	19614	—
30 = 40/60	16040	10	17440	50	18840	—	20040	60
31 = 81/120	16203	—	17620	50	19038	—	20253	—
32 = 82/120	16366	80	17801	40	19236	—	20466	30
33 = 83/120	16529	70	17982	30	19434	—	20679	60
34 = 84/120	16692	60	18162	30	19632	—	20892	—
35 = 85/120	16855	50	18343	20	19830	—	21105	30
36 = 86/120	17018	40	18523	20	20028	—	21318	60
37 = 87/120	17181	30	18704	10	20226	—	21531	—
38 = 88/120	17344	20	18884	10	20424	—	21744	30
39 = 89/120	17507	10	19065	—	20622	—	21957	60
40 = 90/120	17670	—	19245	—	20820	—	22170	—
Für Witwen	11280	—	12330	—	13380	—	14280	—

zum Ruhegehalt und zum Witwengeld
von ruhegehaltsfähigen Diensteinkommen
und einem Grundgehalt von ...... ℳ.

90 000		105 000		110 000		140 000		180 000	
ℳ	₰	ℳ	₰	ℳ	₰	ℳ	₰	ℳ	₰
15780	—	18030	—	18780	—	23280	—	29280	—
15780	—	18030	—	18780	—	23280	—	29280	—
15780	—	18030	—	18780	—	23280	—	29280	—
15780	—	18030	—	18780	—	23800	—	29280	—
15780	—	18030	—	18780	—	23280	—	29280	—
15780	—	18030	—	18780	—	23280	—	29280	—
15780	—	18030	—	18780	—	23280	—	29280	—
15852	—	18030	—	18780	—	23280	—	29280	—
16328	10	18428	70	19128	—	23328	30	29280	—
16804	20	18979	50	19704	—	24054	60	29854	20
17280	30	19530	30	20280	—	24780	—	30780	30
17756	40	20081	10	20856	—	25506	30	31706	40
18232	50	20632	80	21432	—	26232	60	32632	50
18708	60	21183	60	22008	—	26958	—	33558	60
19184	70	21734	40	22584	—	27684	30	34484	70
19660	80	22285	20	23160	—	28410	60	35410	80
20136	—	22836	—	23736	—	29136	—	36336	—
20612	10	23387	70	24312	—	29862	30	37262	10
21088	20	23938	50	24888	—	30588	60	38188	20
21564	30	24489	30	25464	—	31314	—	39114	30
22040	40	25040	10	26040	—	32040	30	40040	40
22278	—	25315	50	26328	—	32403	—	40503	—
22516	50	25591	80	26616	—	32766	60	40966	50
22754	10	25867	20	26904	—	33129	30	41429	10
22992	60	26142	60	27192	—	33492	—	41892	60
23230	20	26418	—	27480	—	33855	60	42355	20
23468	70	26693	40	27768	—	34218	30	42818	70
23706	30	26968	80	28056	—	34581	—	43281	30
23944	80	27244	20	28344	—	34944	60	43744	80
24182	40	27519	60	28632	—	35307	30	44207	40
24420	—	27795	—	28920	—	35670	—	44670	—
15780	—	18030	—	18780	—	23280	—	29280	—

Sachregister.

Die Zahlen bezeichnen die Seiteu.

FSC
www.fsc.org
MIX
Papier | Fördert
gute Waldnutzung
FSC® C083411

Kolibri 360 GmbH
Ferdinand-Jühlke-Straße 7
99095 Erfurt, Deutschland
produktsicherheit@kolibri360.de